D0876612

Lecturas graduadas

EL CRIMEN DE LA Ñ

NIVEL INICIAL

Amelia Blas Nieves

UNIVERSIDAD DE
ALCALÁ

Equipo de la Universidad de Alcalá
Dirección: María Ángeles Álvarez Martínez

Programación: María Ángeles Álvarez Martínez
     Ana Blanco Canales
     María Jesús Torrens Álvarez

Autora: Amelia Blas Nieves

© Del texto: Alcalingua, S. R. L.,
    Universidad de Alcalá, 2001
© De los dibujos: Grupo Anaya, S. A., 2001
© De esta edición: Grupo Anaya, S. A., 2005
  Juan Ignacio Luca de Tena, 15 - 28027 Madrid

Depósito legal: M-13.163-2005
ISBN: 84-667-0051-X
Printed in Spain
Imprime: Huertas I.G., S.A.

Equipo editorial
Edición: Milagros Bodas, Carolina Frías, Sonia de Pedro
Equipo técnico: Javier Cuéllar, Laura Llarena
Ilustración: El Gancho (Tomás Hijo, José Zazo y
     Alberto Pieruz)
Cubiertas: Taller Universo: M. Á. Pacheco, J. Serrano
Diseño de interiores: Ángel Guerrero

Expresamos nuestro agradecimiento al Vicerrectorado de Investigación de la Universidad de Alcalá, por el proyecto subvencionado "Frecuencia de uso y estudio del léxico con especial aplicación a la enseñanza del español como lengua extranjera" (H004/2000); y muy especialmente al Vicerrector de Extensión Universitaria de esta Universidad, profesor Antonio Alvar Ezquerra, por haber acogido con entusiasmo nuestro proyecto y habernos prestado desde sus comienzos su inestimable apoyo y ayuda.

Reservados todos los derechos. El contenido de esta obra está protegido por la Ley, que establece penas de prisión y/o multas, además de las correspondientes indemnizaciones por daños y perjuicios, para quienes reprodujeren, plagiaren, distribuyeren o comunicaren públicamente, en todo o en parte, una obra literaria, artística o científica, o su transformación, interpretación o ejecución artística fijada en cualquier tipo de soporte o comunicada a través de cualquier medio, sin la preceptiva autorización.

Índice

Galería
de personajes

- **Francesca Lombardi:** Chica italiana que ha venido a Madrid a estudiar español. Vive en una casa con una familia española.

- **Simona Agoni:** Amiga de Francesca que estudia en la misma escuela. Las dos vinieron juntas desde Italia.

- **Raúl:** Camarero del Jauja, bar donde siempre van los estudiantes. Está enamorado de Francesca.

- **Lubo Panova:** Nuevo estudiante de la escuela, ha emigrado con su familia desde Rumanía.

- **Amandine Contoux:** Estudiante francesa; es la novia de Lubo.

- **La abuela:** Es la abuela de la familia española que acoge a Francesca mientras está estudiando en Madrid.

- **Carmen:** Es la madre de la familia española.

- **El inspector Jorge Sampedro:** Inspector de policía que investiga "el crimen de la Ñ".

- **Juani:** Señora de la limpieza de la escuela de español donde estudian los chicos.

- **El director García Salgado:** Director de la escuela de español.

- **María Conde:** Directora del Banco Bankesto.

- **Lola Duro:** Profesora de gramática.

- **El profesor José Miguel Esteban:** Profesor de literatura.

- **La directora Martínez:** Secretaria de la escuela, que después será nombrada directora.

1. Lubo Panova

No comprendo cómo se complicó tanto esta historia. Normalmente pensamos que no hay razones para sospechar de nuestro vecino, pero la verdad es que a nuestro lado puede haber un terrible asesino. Bueno, no quiero adelantar nada, comenzaré por el principio. Todo empezó el día que llegó Lubo Panova. Recuerdo que eran las 9 de la mañana y estábamos en clase de gramática.

–Muy bien, chicos, ahora vamos a corregir los ejercicios que mandé ayer. Estoy segura de que no habéis tenido problemas con el imperativo, ¿verdad?

Ésta es nuestra profesora Lola Duro, la única mujer que es feliz con el imperativo. Nunca he visto a nadie tan optimista a primera hora de la mañana. Por suerte llamaron a la puerta.

–Perdona, Lola, ya ha llegado Lubo Panova –dijo el conserje.

–Pasa, pasa. Bienvenido a nuestra clase. Gracias, Félix, hasta luego. Mirad, chicos, os presento a Lubo Panova, él es de Rumanía y ahora va a vivir en España con su familia. Lubo es muy tímido pero yo espero que vosotros seáis simpáticos y amables con él.

Lubo era un chico extraño. Era muy moreno pero tenía unos enormes ojos grises. Llevaba ropa de los años ochenta y el pelo muy peinado. Simona me escribió una nota: "No me gusta". A mí tampoco me gustó, pero no sé explicar por qué. Había algo extraño en él.

–Te presento a los que van a ser tus compañeros de clase: Dave Manson, un surfista australiano; Rosivaldo, nuestro brasileño favorito; Kimitaka, japonés...

7

–Una foto, por favor –Lubo Panova estaba sorprendido por el flash y parecía molesto y muy incómodo.

–No te preocupes, Lubo. A Kimitaka le gusta mucho hacer fotos a todo el mundo y siempre lleva la cámara. Éstas son Francesca y Simona, nuestras chicas italianas, y Yukiko, experta en moda y una gran cocinera de sushi, ya lo verás. La última es Amandine, una francesa muy romántica.

Lubo se sentó al lado de Amandine, que colocó su libro en la mitad para compartirlo.

–La verdad es que has venido en el mejor momento porque ahora empiezan los carnavales.

–¿Qué son los carnavales? –preguntó Yukiko.

–El carnaval es la vida, la fiesta, la samba... –dijo Rosivaldo.

–Sí, Yukiko. Es una fiesta muy famosa en todo el mundo. ¿Has oído hablar del carnaval de Río de Janeiro?

–Sí, pero yo pensaba que el carnaval no existía en España. ¿Qué hace la gente en carnaval?

–Los españoles se disfrazan, hacen fiestas, cantan y bailan.

–Pero ¿por qué?

–Bueno, el carnaval es una fiesta muy antigua donde la gente celebraba que acababa el invierno y empezaba la primavera. La gente se disfraza con otra personalidad. Nadie puede saber quién está debajo de la máscara, por eso puedes bailar, cantar, hacer tonterías y todas las cosas que siempre quieres hacer pero te da vergüenza.

–Es un poco loco –dijo Kimitaka.

–Sí, pero muy divertido –comentó Rosivaldo–. Profesora, ¿por qué no hacemos una fiesta de carnaval en la escuela? Yo quiero bailar con las chicas guapas.

Todo el mundo empezó a reír y a hablar en voz alta sobre la fiesta.

–Muy bien. Un momento, por favor, silencio. Si queremos hacer una fiesta, tenemos que darnos prisa. Los carnavales empiezan este fin de semana. Tenemos cuatro días para organizarlo todo. Hay que hacer invitaciones, preparar los disfraces, la decoración, la música, las bebidas... es mucho trabajo.

–Cuando hay una fiesta somos muy trabajadores –dijo Rosivaldo.

EJERCICIOS

1 Señala si las siguientes cuestiones son verdaderas o falsas.

1. La persona que cuenta la historia es un estudiante. ☐

2. La historia habla sobre la universidad. ☐

3. Están en una clase de español. ☐

4. Lubo Panova es un antiguo alumno. ☐

5. Están en febrero. ☐

6. La profesora no quiere hacer una fiesta. ☐

2 ¿Qué necesitamos para hacer una fiesta? Señala las cosas que tenemos que comprar y haz tu propia lista de la compra.

camisa	aperitivos
frutos secos	corbata
tortilla de patata	chaqueta
vino	zumo
tónica	tacón
queso	jamón
chorizo	blusa
vasos	gaseosa
calcetines	cinturón
aceitunas	zapatos
patatas fritas	pantalones

3 Prepara una invitación para la fiesta de carnaval de la escuela.

....
....
....
....
....
....
....
....

4 Completa esta postal donde Francesca saluda a sus amigos y les habla sobre el carnaval.

Querida Paola:

Estoy en ....
y me gusta mucho. Aquí tengo
muchos amigos nuevos y ....
....
La profesora se llama Lola y es ....
...................., pero tengo que estudiar
mucho. Voy a ir a Cádiz para ....
....;
iremos de excursión la próxima sema-
na. Ahora estamos preparando una
fiesta ....
....
y yo me voy a disfrazar de princesa
árabe.
Besos a todos,
    Francesca

PAOLA TRIVIANI

VIA OITANA, 14
10048 VINOVO
TURÍN
ITALIA

5 Prepara tu disfraz de carnaval.

- ¿De qué quieres disfrazarte?

- ¿Qué necesitas? ¿Dónde puedes conseguirlo?

- ¿De qué crees que se disfrazarán nuestros amigos?

Los carnavales de Cádiz

Cádiz es una de las ciudades españolas donde se viven con más fuerza los carnavales.

El lugar de celebración es la propia ciudad, sus calles y sus plazas. Los protagonistas son sus gentes y los disfraces llenos de ingenio y originalidad. Es todo esto lo que crea el ambiente carnavalesco que cautiva a los visitantes. Si viajas a Cádiz por primera vez en carnaval, escucharás cómo la gente grita a los miembros de la chirigota: "¡Tipo, tipo!". Con este grito se les está pidiendo que entren en el papel del personaje que representan. En la actualidad, el sentido del disfraz está relacionado con la idea de tipo y no con la de la máscara y el antifaz. Todos los miembros de la chirigota llevan el mismo disfraz e interpretan canciones satíricas y de humor.

2. El gato negro

Había estado pensando en la fiesta durante toda la semana. Todo estaba preparado y el salón de actos de la escuela estaba listo para la gran fiesta de carnaval de esa noche.

Mi familia española me había ayudado a hacer mi disfraz de princesa árabe. "¡Dios mío! Este traje me queda genial."

Ya era la hora de salir y estaba vestida así esperando a Simona en el cuarto de estar. La abuela veía su telenovela favorita mientras yo escribía a mis amigos italianos; quería contarles todo sobre la fiesta. De pronto llamaron al timbre, era Simona.

–¿Te gusta? Esta noche voy a ser una bruja –dijo Simona.

–Pero ¿por qué llevas una falda tan corta?

–Porque voy a ser una bruja muy sexy. Y tú pareces una princesa árabe de verdad.

–Muchas gracias. Pero ahora vámonos, que quiero saber cómo se ha disfrazado Rosivaldo. Dijo que sería una sorpresa muy especial.

Cuando salimos del cuarto de estar casi pisamos a Boli, el gato de la familia, que estaba corriendo por el pasillo a toda velocidad.

–¡Boli!

–¿Estáis bien? Este maldito gato nunca se está quieto –dijo Carmen, mi "madre" española.

–Pues cuando se cruza un gato negro es símbolo de mala suerte.

–No digas tonterías, abuela. Chicas, estáis muy guapas las dos. Es mejor salir ya si no queréis llegar tarde. Venga, os llevaré en coche.

Cuando llegamos a la fiesta no me podía creer que aquél fuera el mismo sitio donde estudiábamos. El salón de actos estaba lleno de gente bailando y bebiendo. Simona se fue a bailar. "¡Estopa! Éste es mi grupo favorito."

De repente me di cuenta de que no podía reconocer a nadie. Todo el mundo estaba disfrazado y no podía saber quién era quién.

–Hola, Francesca. ¿Quieres un poco de sangría? –me dijo alguien disfrazado de Catwoman.

–¿Eres Amandine?

–Sí, soy yo.

–¿Qué es la sangría?

–Es vino tinto con gaseosa, frutas y un poquito de canela. Está buenísimo. Venga, prueba un poco. ¿Sabes? Kimitaka me ha dicho que ha venido todo el mundo: los alumnos, los profesores, el conserje, Juani la de la limpieza, incluso el director.

–Pero ¿quiénes son? Todos están disfrazados, no puedo reconocerlos.

–Bueno, yo tampoco. Pero mira, ¿ves a aquella rubia tan alta?

–¿La que tiene el vestido azul?

–Sí. Pues es Dave.

–¿Dave Manson? No me lo puedo creer. ¡Está loco!

–Si quieres ver a alguien loco de verdad mira allí. Rosivaldo se ha disfrazado de vaca loca y está bailando con Yukiko.

–¿Yukiko es el indio apache? Oye, y ¿de qué se ha disfrazado el chico nuevo?

–¿Lubo Panova? Pues... no sé. No lo he visto. Quizás ya esté en la fiesta pero no podemos reconocerlo. Hay demasiada gente.

–Oye, ¿y dónde está Lola?, ¿de qué se ha disfrazado?

–Creo que es aquella que está vestida de flamenca, pero no lo sé. Los profesores están mezclados con los alumnos. Me parece que el director es ese hombre que va vestido de egipcio.

–No, ése es Félix, el conserje.

–Puede ser, pero pienso que es el director porque Lola nos dijo que él se iba a disfrazar de egipcio. Mira cómo baila, es un torpe. Seguro que es él.

Detrás de mí escuché un sonido de pequeñas campanitas o cascabeles. Miré para atrás y vi a un arlequín. No podía verle la cara porque tenía una máscara, pero se quedó quieto mirándome un momento. Después desapareció entre la gente.

–Francesca, ¿me estás escuchando?

–Perdona, Amandine, es que estaba pensando en algo que dijo la abuela.

De repente, una luz muy fuerte me dejó ciega. ¡Flash! Después de parpadear pude ver a Kimitaka vestido de safari.

–¡Kimi! Casi me dejas ciega. No puedo ver nada.

–Perdona, Francesca, es para la revista de la escuela, estoy haciendo fotos a todo el mundo.

–Entonces quizás puedas ayudarme. ¿Quién es el hombre que va vestido de arlequín?

–No sé. No he visto a nadie así.

–Bueno, no importa. Será mejor que deje de pensar tanto y empiece a bailar y a pasármelo bien. Por cierto, Kimi, ¿sabes bailar *La bomba?*

EJERCICIOS

1 Contesta a estas preguntas.

1. ¿Francesca vive en un apartamento con otros estudiantes?

2. ¿La abuela es supersticiosa?

3. ¿Por qué Carmen estaba disfrazada de bruja?

4. ¿Quién habla con Francesca durante la fiesta?

5. ¿Lubo Panova es el arlequín?

2 Señala si las siguientes cuestiones son verdaderas o falsas.

1. Francesca compró el disfraz en una tienda de disfraces. ☐

2. Francesca y Simona cogen el autobús para ir a la fiesta. ☐

3. La sangría es un tipo de cerveza. ☐

4. Rosivaldo estaba disfrazado de egipcio. ☐

5. El conserje y el director tenían el mismo disfraz. ☐

■ Ahora, pregúntale a tu compañero qué cree que va a pasar.

Música española

Estopa es el grupo favorito de Simona, y Francesca quiere bailar *La bomba*. Ahora, di todas las canciones españolas que conoces.

3 ¿Por qué relacionamos los gatos negros con la mala suerte?

Nosotros tenemos miedo a la oscuridad, los gatos en cambio están activos por la noche. Ellos cazan, hacen ruidos extraños, sus ojos brillan. En tiempos medievales se relacionaba a los gatos con la magia y el mal, también se asociaron con las brujas, y el negro estaba asociado al demonio. Desde ese momento hasta hoy en día se sigue asociando los gatos negros a los brujos. Los gatos pasaron de ser dioses a ser servidores del demonio.

¿Por qué estas cosas dan mala suerte?

Las escaleras: porque ....
....
....

Los espejos: ....
....
....

Los números: ....
....
....

Los colores: ....
....
....

Juanito el Gafe

Juanito nació un martes y 13 y desde entonces sólo le pasan cosas malas. Quizás sea porque tiene un gato negro en casa, o quizás porque su color favorito ha sido siempre el amarillo. Juanito es muy despistado y siempre pasa por debajo de las escaleras. ¡Ay, Juanito! ¿No recuerdas que eso da mala suerte?

Este chico es muy torpe, un desastre. Cuando lo invito a comer siempre tira la sal sobre la mesa. Yo le digo: "¿Cuándo vas a dejar de hacer cosas que te den mala suerte?". Y él me responde: "Toca madera".

3. Un carnaval muy trágico

Creo que ésta es la mejor fiesta de toda mi vida. Aquí están todos mis amigos. La música es genial, la sangría está... ¡Hum!... deliciosa y tengo que reconocer que la comida española es increíble. Me lo estoy pasando muy bien. Esto sí que es una buena fiesta. Aquí llega Juani, la señora de la limpieza con más marcha[1] del mundo.

–Pero bueno, Juani, ¡si te has disfrazado de futbolista!

–Perdona, Francesca, no me he disfrazado de cualquier futbolista. Del Real Madrid, bonita, del Real Madrid.

–Eres increíble, tú siempre estás de buen humor. Además, hoy no tienes que trabajar. Quédate con nosotros.

–Pues sí, hoy estamos de fiesta y no pienso trabajar nada. Antes he ido al baño y he visto que el despacho del director estaba todo desordenado con los papeles por el suelo, los cajones abiertos... como si hubiera pasado un huracán. Pero yo no voy a hacer nada. Sólo quiero bailar y pasarlo bien.

–Y ¿qué crees que ha pasado?

–Ni lo sé ni me importa. ¿Un poco más de tortilla?

–No gracias, está riquísima, pero ya he comido bastante. Si como un poco más, voy a explotar.

–Mira, ahí está tu amiga Simona.

–¡Hola, Simona! ¿Qué tal? ¿Cómo te lo estás pasando?

–¡Uf! Genial, pero ahora necesito sentarme un poco. Estos zapatos nuevos me están matando –dijo Simona mien-

---

[1] *Marcha:* término del lenguaje familiar o coloquial para referirse a la energía y a las ganas de pasárselo bien.

tras buscaba una silla–. ¿Sabéis? No sé qué es lo que pasa pero el director está discutiendo[2] con todo el mundo. Primero con el profesor de literatura y ahora con Lola. Mira, mira, allí están.

–La verdad es que parecen muy ridículos discutiendo vestidos así.

–Te lo dije antes. Aquí pasa algo –dijo Juani–. Espero que no estén hablando de despidos[3].

–Bueno, la verdad es que todo el mundo está muy raro esta noche.

–¿Por qué dices eso?

–Pues no lo sé... no lo sé. Es una sensación –dijo Francesca.

---

[2] Discutir: tener una conversación acalorada.
[3] Despedir: echar a alguien del trabajo.

De repente oímos un grito y la música se paró. No sabía qué era lo que estaba pasando. Miré y vi cómo se agrupaba la gente formando un círculo. El director estaba en el suelo. Juani fue corriendo hacia allá y examinó el cuerpo del director. Todo el mundo estaba muy alborotado y comentaba qué podría haber pasado.

–¿Qué le ha pasado? ¿Cómo está el director?

–No es el director –dijo Juani muy seria–. Es Félix, el conserje. No tiene pulso[4]. Creo que está muerto.

La gente comenzó a ponerse muy nerviosa y a asustarse.

–Pero ¿qué estás diciendo? No es posible –dijo Lola.

---

[4] Pulso: para buscarnos el pulso nos tocamos en la muñeca o el cuello, y así sentir el ritmo de la sangre en el cuerpo.

–Hay que llamar a un médico.

–No. A quien hay que llamar es a la policía –dijo el director saliendo de la multitud–. Fíjate bien. Los dos estamos vestidos igual. Quizás el asesino quería matarme a mí y no a Félix.

–Nadie ha hablado de asesinato. Quizá Félix estaba enfermo, no lo sé... tal vez el corazón –dijo Juani.

Estaba muy impresionada por lo que había ocurrido. Me quedé de pie, quieta, parada, en silencio, intentando comprender lo sucedido. Fue entonces cuando volví a ver al arlequín, estaba mirando con una sonrisa misteriosa. En un impulso, empecé a acercarme mientras él se alejaba mezclándose entre la gente. Cada vez avanzaba más y más deprisa. Entonces escuché un ruido a mis espaldas, detrás de mí se cerraba una puerta con mucho cuidado. Alguien que no quería ser visto estaba intentando escapar. Sólo pude ver que llevaba un traje negro. En ese momento Lola entró rápidamente.

–He llamado a una ambulancia y la policía ya está aquí –anunció nerviosa.

Pero ¿quién había salido tan silenciosamente? ¿Tendría relación con lo que le había pasado a Félix? ¿Sería un asesinato, como dijo el director? Nunca pensé que algo así podría pasarle a un amigo o a un conocido mío. Estaba asustada, pero también tenía mucha curiosidad. La verdad es que durante la fiesta habían pasado cosas muy extrañas.

¿Quién sabe? Tal vez querían matar al director y mataron a Félix. Era increíble que los dos estuvieran vestidos exactamente igual, los dos iban disfrazados de egipcio con el mismo disfraz, todo el mundo los había confundido. No sabía qué pensar...

EJERCICIOS

1 Señala si las siguientes cuestiones son verdaderas o falsas.

1. El conserje está vestido de futbolista. ☐

2. Félix y el director tienen el mismo disfraz. ☐

3. Simona le ha comprado los zapatos a Francesca. ☐

4. Juani ha desordenado el despacho del director. ☐

5. El arlequín ha escapado silenciosamente. ☐

2 Mira las palabras que salen de la pipa de Sherlock Holmes. ¿Las conoces todas? Utiliza el diccionario o pregúntale a tu compañero las que no sepas.

INVESTIGADOR
DETECTIVE
CULPABLE
SOSPECHA
INOCENTE
ASESINO
TESTIGO
CRIMEN
PISTA

3 Ahora vamos a investigar nosotros. ¿Eres observador? Contesta a estas preguntas para saber si eres un buen detective.

1. Juani, la señora de la limpieza, le ha dado a Francesca una información muy importante. ¿Cuál es?

   a) Hoy Juani no tiene que trabajar.

   b) La tortilla española está riquísima.

   c) El despacho del director está muy desordenado.

2. Simona también tiene una pista muy importante:

   a) No puede bailar más con los zapatos nuevos.

   b) El director está enfadado con todo el mundo.

   c) La gente está muy extraña durante la fiesta.

3. El director piensa que ha sido un asesinato porque...

  a) Félix tiene el mismo disfraz que él.

  b) El director tiene muchos enemigos que quieren que él esté muerto.

  c) Félix estaba muy enfermo del corazón.

4 Ahora tienes muchas pistas para sacar tus propias conclusiones. Escribe un pequeño texto imaginando lo que ha sucedido mientras nuestros amigos estaban en la fiesta.

....

....

....

....

....

....

....

....

....

....

....

5 Francesca encuentra otra vez al arlequín en la fiesta.

1. ¿Qué es un arlequín?

2. ¿Qué necesitas para disfrazarte de arlequín?

3. ¿Piensas que tiene una imagen misteriosa? ¿Por qué?

4. ¿Te dan miedo los arlequines?

5. ¿Crees que nuestro arlequín está relacionado con el crimen de la fiesta de carnaval?

4. La vida es una telenovela

Regresé a casa muy tarde y al día siguiente no tenía ganas de levantarme por la mañana.

Estaba muy impresionada y un poco asustada. Recuerdo que dormí muy mal aquella noche, no podía dejar de pensar en todo lo que había pasado. Tenía en la cabeza miles de preguntas sin respuesta.

–¿Qué pasa, dormilona? ¿Es que hoy no piensas levantarte? Son más de las doce del mediodía.

Era mi "abuela" española. La verdad es que ahora necesitaba hablar con ella. Era la única persona que realmente podía ayudarme; sabe escuchar y dar buenos consejos.

–Buenos días –dije mientras me estiraba en la cama.

–Di mejor "buenas tardes". ¿Qué pasa? ¿No sabes sobrevivir a las fiestas? Tienes muy mala cara. ¿No estarás enferma?

–No, abuela, simplemente es que he dormido fatal.

–¿Has tenido una pesadilla?

–No, no... Es por la fiesta de carnaval. No te imaginas lo que pasó anoche, fue horrible.

–Ya te dije que los chicos españoles son todos unos donjuanes. Tú te mereces lo mejor, y no esos tontos que te rompen el corazón.

–No, abuela, no es eso. Anoche, durante la fiesta, Félix... ¿Te acuerdas de Félix?

–Es el conserje de la escuela donde estudias español, ¿no? Aquel señor tan guapete del uniforme.

–Félix murió anoche. No sabemos qué pasó pero de repente cayó al suelo y no pudimos hacer nada por él.

–¡Pobre hombre! ¡Que Dios lo acoja en su Gloria! Pero si no era muy mayor, ¿qué fue?, ¿el corazón?

–Pues no sabemos nada, abuela. Pero el director piensa que es un asesinato.

–¿Asesinato? Pero ¿qué dice ese loco?

–La verdad es que no sé qué pensar. Anoche, en la fiesta, pasaron cosas muy extrañas. Había algo en el aire... No sé qué, pero yo sabía que algo malo iba a pasar.

–¿Cosas extrañas? ¿Qué cosas extrañas?

–Bueno, primero fue lo del arlequín. Todo el mundo estaba disfrazado, entonces era imposible saber quién estaba detrás de las máscaras. Al principio pensé que eso podría ser muy divertido, pero después vi a alguien disfrazado de

arlequín. No sé, me dio un poco de miedo. Tenía una mirada y una sonrisa muy misteriosas, muy extrañas. No me gustó, me dio como un escalofrío por todo el cuerpo... ¡brrrrrrrrr!

—¿Y crees que el arlequín mató a Félix?

—No creo, no lo sé. Pero después me encontré con Juani, ya sabes, la señora de la limpieza.

—Sí, sí, Juani.

—Pues Juani me dijo que el despacho del director estaba desordenado con todos los papeles por el suelo, como si hubiera habido un huracán. Y Simona me dijo que el director estaba discutiendo con todos los profesores, tal vez de despidos. Después pasó lo de Félix.

—¡Madre mía! Esto se parece mucho a la telenovela que estoy viendo en la televisión. Es igualito, igualito. Ya verás, esto es un crimen de amor, te lo digo yo.

—Creo que no, abuela. Además hay otra cosa.

—Dime.

—Félix y el director iban disfrazados exactamente igual. Los dos tenían el mismo disfraz de egipcio y era muy fácil confundirlos. Nadie podía saber quién era Félix y quién era el director. Por eso el director llamó a la policía, piensa que el asesino quería matarlo a él, y que se confundió.

—Pero ¿es que a Félix lo dispararon?

—No.

—¿Le clavaron un cuchillo?

—No, no. No había sangre, no había nada.

—Entonces, ¿por qué el director está tan seguro de que es un crimen?

–Imagino que piensa que alguien puso algún veneno en su bebida.

–¡Te lo dije! Igual, igualito que en la televisión.

–Que no, abuela. Esto es la vida real.

–Entonces la vida real es igual que una telenovela.

Boli, el gato de mi familia española, se subió a la cama. No había nadie más en la casa y el pobre gato quería que le prestáramos un poco de atención.

–Bájate de ahí, gato malo.

–No, abuela, déjale. Me gusta. Además Boli ha venido para darme los buenos días.

El gato estaba muy cariñoso y quería jugar un poco.

–Creía que no te gustaban los gatos negros, que eras supersticiosa.

–No. A mí me gusta mucho Boli, aunque con los gatos negros es mejor tocar madera.

En ese momento llamaron por teléfono, y la abuela y el gato se fueron corriendo a responder la llamada.

–Nena, ponte. Es para ti.

–Gracias, abuela, ya voy.

–¿Sí? ¿Quién es?

–Hola, buenos días. La llamo desde la comisaría de policía. El inspector Sampedro se está ocupando del crimen de la escuela de español y desearía hacerle algunas preguntas.

–¡Crimen?

–Sí, el resultado de la autopsia determina que el conserje murió envenenado durante la fiesta.

–¡Oh, Díos mío! Pero yo no sé nada, no creo que pueda ayudarlos.

–No se preocupe, señorita, sólo serán unas preguntas. Cualquier información que pueda darnos nos será de gran utilidad. El inspector Sampedro estará en la escuela el lunes por la tarde.

–Muy bien, gracias –colgué el teléfono–. Abuela, abuela. Era la policía. Hay un asesino en la escuela de español.

EJERCICIOS

1 Señala si las siguientes cuestiones son verdaderas o falsas.

1. Francesca llama a su abuela porque ha tenido una pesadilla. ☐

2. La abuela piensa que ha sido un crimen por amor. ☐

3. El asesino mató a Félix con un cuchillo. ☐

4. La abuela ha visto al asesino por televisión. ☐

5. La policía piensa que Francesca envenenó al conserje. ☐

2 Busca en el texto todas las formas de morir que aparecen. Por cierto, ¿qué otras maneras se te ocurren a ti?

Soy el inspector de policía Jorge Sampedro.
¿Qué crees que voy a preguntarle a Francesca?
Interroga a tu compañero y consigue las respuestas.

3 Ayuda a Francesca a escribir una postal a su familia.

Queridos papá y mamá:

....

....

....

....

....

....

....

....

....

....

....

Muchos besitos a todos.

Francesca

Las telenovelas

Las telenovelas venezolanas avanzan batiendo récords en Hispanoamérica, entre la población hispana de Estados Unidos y en Europa.

La época de la telenovela comenzó con *El derecho de nacer*, de la cual pudieron disfrutar primero los caraqueños y después el resto de países. Poco a poco, la telenovela se fue haciendo más cotidiana, convirtiéndose en el género que más identifica a la televisión venezolana. Los sociólogos hablan de un fenómeno social, los antropólogos de un fenómeno cultural, la elite poderosa del país habla de negocio y consumo, mientras que semiólogos como Manuel Bermúdez hablan de un signo tan potente que se pudiera afirmar que "la radionovela y la telenovela se han convertido prácticamente en géneros literarios de la cultura popular latinoamericana".

4 Contesta a estas preguntas.

1. ¿Qué crees tú que es una telenovela?

2. ¿Cuál piensas que suele ser el tema principal de las telenovelas?

3. ¿Qué características tienen?

4. ¿Has visto alguna vez una? ¿Recuerdas cómo era la historia?

5 La vida es una telenovela

a) ¿Cómo define el texto a las telenovelas?

b) ¿De qué países son los espectadores que suelen ver telenovelas?

c) ¿Qué opinan de ellas los sociólogos y los antropólogos?

Visita esta página en Internet para saber un poco más de las telenovelas:

http://members.tripod.com/tvnovelas

5. El inspector Sampedro

Cuando llegué a la academia de español había un coche de policía aparcado en la puerta.

Ya no estaba Félix en la conserjería. Por suerte me encontré con Juani.

–¡Ay, hija, qué disgusto! Está todo el mundo muy triste y silencioso. Y la policía subiendo y bajando por las escaleras. Total que con tanta gente pasando por aquí yo ni puedo limpiar ni puedo hacer nada.

–¿Está arriba el inspector Sampedro?

–Sí, sí, allí está, pero yo no subo. La policía me da malas vibraciones.

–A mí también, Juani. Bueno, voy al interrogatorio. Luego te veo.

–Venga, cariño. Tú no te preocupes, van a ser sólo unas preguntitas y ya está.

Aunque había subido miles de veces por aquellas escaleras, ahora todo me parecía diferente. Subía lentamente como si me pesaran las piernas, como si no pudiera avanzar. Me detuve y mire hacia abajo. Allí estaba Juani; me sonrió y me guiñó un ojo para darme un poco de coraje y apoyo. Arriba, una señorita vestida con el uniforme de policía me preguntó el nombre y me hizo pasar al aula 5.

–Espere aquí, por favor. Ahora mismo la llamaremos.

–Gracias.

La verdad es que me estaba poniendo muy nerviosa. En el aula 5 no había nadie. Allí estuve esperando más de quince minutos, después llegó Lubo Panova.

–¡Hola, Lubo! ¿A ti también te han llamado?

–Sí.

–Esto es horrible. Me han dicho que fue un asesinato.

–Ya, ya. La verdad es que yo no lo conocí mucho pero me parece increíble que alguien quiera matar a un hombre como él.

–Oye, no te vi en la fiesta. ¿De qué ibas disfrazado?

–No te preocupes, nadie me vio. Yo estaba disfrazado de Batman.

–¿Batman?

–Sí. Al principio me aburrí un poco porque no conocía a nadie, y la música, la comida, la gente... todo era nuevo para mí. Llegué a España la semana pasada y no conozco a nadie todavía.

–¡Oh! Espero que no pienses que somos unos antipáticos.

–No, no te preocupes. Al final encontré a Amandine y estuve todo el tiempo bailando con ella. Es muy simpática.

–Sí, es verdad. Ella iba disfrazada de Catwoman, ¿no?

–Sí. Ella de Catwoman y yo de Batman, por esa razón empezamos a hablar. Me gusta mucho Amandine. Ella es dulce y muy femenina.

–¡Lubo! ¿No estarás enamorado?

–Pues no sé qué decir. Ella es muy especial para mí.

Bueno, por fin una buena noticia. ¡Amandine y Lubo! Quién iba a imaginar que acabarían juntos. La verdad es que son una bonita pareja.

En ese momento apareció Simona.

–¡Hola, chicos! Ya he terminado el interrogatorio. Me han dicho que tiene que pasar el siguiente.

–Espera, Simona. Dime qué te han preguntado –dije yo muy nerviosa.

–Todo. Es un poco largo pero no pasa nada. Entra, yo te espero aquí. Hoy no hay clase. Si quieres luego podemos ir al Jauja.

–Sí, sí, por favor, esperadme allí.

Creo que no he estado tan nerviosa en toda mi vida. Es la primera vez que la policía me hace preguntas. Además, esto es importante, estamos hablando de un asesinato. ¿Habrá un asesino en la escuela? Llamé a la puerta de la secretaría de la escuela. Allí era donde el inspector había instalado su pequeña oficina.

–Buenos días. ¿Se puede pasar?

–Sí, sí, adelante. Siéntese, por favor. Francesca Lombardi, ¿no es eso?

–Sí, ése es mi nombre.

–Bien, yo soy el inspector de policía Jorge Sampedro.

Lo dijo sin mirarme a la cara mientras buscaba algo entre sus papeles. Yo estaba temblando de los nervios y sudaba como si yo fuera culpable.

–Aquí está –el inspector encontró un papel en la mesa y empezó a leer en voz alta–: Francesca Lombardi, italiana, 21 años. Lleva tres meses en España y vive aquí con una familia española. ¿Es así?

–Sí, señor.

–¿Sabe lo que ha pasado? –el inspector se volvió hacia mí mirándome con atención mientras cruzaba los brazos.

–Sí. Félix ha muerto.

–Pensamos que alguien puso veneno en su bebida durante la fiesta. Parece algo que han pensado con mucho cuidado. Pero ¿quién? ¿Sabe quién podría desear la muerte del conserje?

–No, yo no sé nada. No me imagino que alguien pueda hacer una cosa así. ¿Creen que hay un asesino en la escuela?

–No se preocupe. Si hay un asesino, nosotros lo atraparemos. Lo que quiero es que me ayude a saber quién lo hizo. ¿Recuerda algo?, ¿cualquier cosa que pueda ayudarnos?

–No sé. Ahora estoy muy nerviosa y no puedo pensar bien.

–Cualquier cosa... algo que le llamara la atención durante la fiesta.

–Bueno, todos estábamos disfrazados. Era una fiesta muy grande y la gente estaba bailando. Es imposible recordar algo. No sé.

–Usted es una de las alumnas que más tiempo lleva en la escuela.

–Sí, señor. El trimestre pasado estuve estudiando aquí.

–¿Conocía mucho a Félix?

–Bueno, siempre hablábamos con él. Era muy simpático, pero no sé muchas cosas de su vida privada. Creo que estaba separado y que no tenía hijos. No creo que nadie de la escuela sea culpable. Félix era muy buena persona y todo el mundo estaba contento con él. Era muy correcto y educado, pero también divertido. Se relacionaba muy bien con la gente, nunca estaba solo, tenía muchos amigos.

–Pues parece que alguien no estaba muy de acuerdo contigo. El laboratorio nos ha confirmado que lo que mató a Félix fue un insecticida tóxico muy potente que ni tiene olor ni tiene sabor. Ese polvo insecticida se guarda en el cuarto de la limpieza de la escuela.

–No imagino a nadie haciendo una cosa así, pero la verdad es que aquello estaba lleno de gente. Pudo ser cualquiera.

–¿Está segura de que no recuerda nada? –el inspector se acercó mirándome con interés.

–Bueno, ahora que lo dice... no sé si será importante, pero alguien vestido de negro salió discretamente por la puerta de atrás cuando Félix ya estaba en el suelo.

–¿Qué era, hombre o mujer?

–No lo sé, no lo sé. Sólo vi algo negro que se iba y la puerta cerrándose detrás. No vi más.

–Bien. Muchas gracias por todo. Por favor, es importante que piense un poco más en esto, llámenos cuando recuerde cualquier cosa. Piense que toda la información que pueda darnos será de gran utilidad para nosotros.

–Sí señor, eso haré.

–Muchas gracias por todo –el inspector se levantó para despedirse dándome la mano.

Me levanté y salí de la oficina. No me gustan los interrogatorios y todo esto de la policía me había puesto muy incómoda. Ahora sólo quería ir con mis amigos al Jauja para tomar algo tranquilamente.

Estaba así, pensando en estas cosas, cuando de repente me encontré con el director. Parecía que tenía mucha prisa e iba arrastrando una gran maleta muy pesada.

–Buenos días.

El director se sobresaltó muy asustado.

–¡Ay, Francesca! Pero qué susto me has dado. No te había visto.

–Perdón. No quería asustarlo.

–No pasa nada.

El director siguió avanzando por el pasillo a toda prisa. Yo me quedé un poco sorprendida y decidí esperar para ver qué hacía. Le vi bajar por las escaleras con grandes dificultades; la maleta pesaba demasiado.

Después me acerqué a la ventana, el director iba a salir del edificio. Había un taxi esperando en la puerta. Del coche bajó una mujer con un gran sombrero, desde arriba no podía verla bien, se saludaron con un abrazo. Hablaron un momento y después se subieron rápidamente en el coche. El taxi desapareció por la calle a toda velocidad.

EJERCICIOS

1 Señala si las siguientes cuestiones son verdaderas o falsas.

1. Juani le dice a Francesca que suba las escaleras para ir a clase. ☐

2. Lubo Panova era el arlequín en la fiesta de carnaval. ☐

3. Lubo está enamorado de Amandine. ☐

4. El inspector de policía puso muy nerviosa a Francesca. ☐

5. Félix estaba separado y tenía dos hijos pequeños. ☐

2 Francesca no ha dicho todo lo que sabe porque estaba muy nerviosa. Pero ¿qué información importante tiene Francesca?

....

....

....

....

....

....

....

....

3 A Francesca le pone nerviosa la policía. Y a ti, ¿qué te pone nervioso(a)? Completa estas frases.

1. A mí me pone nervioso(a) ....

2. A mí me pone furioso(a) ....

3. A mí me pone triste ....

4. A mí me pone contento(a) ....

5. A mí me pone histérico(a) ....

6. A mí me deprime ....

7. A mí me tranquiliza ....

8. A mí me gusta ....

9. A mí me sorprende ....

10. A mí me preocupa ....

11. A mí me asusta ....

La criminología

La criminología es una ciencia que se basa más en la observación de los hechos que en opiniones y argumentos. Es una ciencia que estudia muchos aspectos; no sólo se ocupa del crimen, sino también del delincuente, de la víctima y del control social del delito. Por esta razón, la criminología está formada por otras ciencias, como el derecho, la biología, la psicología, la sociología...

Aun así, han negado la calificación de ciencia al saber criminológico por dos razones: la primera, por estar incapacitado para formular proposiciones de validez universal, y la segunda, por no tener un método único y específico para estudiar el crimen, el delito, el delincuente y la víctima.

4 Contesta a estas preguntas.

1. ¿Qué es la criminología?

2. ¿Qué otras ciencias forman parte de ella?

3. ¿Por qué no consideran la criminología como una ciencia?

6. El Jauja

El Jauja es el bar adonde solemos ir a tomar café en el descanso entre las clases.

Está justo enfrente de la escuela de español y además allí trabaja Raúl; es el camarero del Jauja y ahora uno de los mejores amigos de Simona en Madrid. Algunas veces ha venido con nosotros a las excursiones de la escuela y siempre pone en el bar las canciones que más nos gustan.

Abrí la puerta del Jauja y busqué a Simona y a los chicos en la mesa donde nos sentamos normalmente. Allí estaban también Lubo y Amandine.

–¡Hola, Francesca! ¿Qué tal? ¿Cómo te fue con el inspector? –dijo Simona.

–Fatal. Estaba tan nerviosa que no pude hablar. Sin embargo, aquí están pasando muchas cosas raras, rarísimas.

–¿Qué quieres decir?

–Pues no sé qué es lo que está pasando pero justo ahora he visto al director, parece que se iba de viaje. Tenía una gran maleta muy pesada y mucha prisa por irse.

–Quizá quiere irse de vacaciones.

–Yo tampoco veo nada extraño en eso –dijo Lubo.

–Yo sé bien lo que he visto. El director llevaba una maleta muy grande y muy pesada. No tenía suficiente fuerza para llevarla y la iba arrastrando.

Me puse de pie y empecé a imitar al director haciendo los mismos movimientos que hizo él transportando la maleta. Entonces vino Raúl, el camarero.

–¡Hola, Francesca! ¿Qué haces? ¿Arrastrando un muerto?

Raúl me dio la pista. De pronto lo vi todo claro. ¡El director llevaba un muerto en su maleta!

—¡Dios mío! Eso es, un muerto en la maleta... —dije sentándome de golpe en la silla.

Todos mis amigos empezaron a reír, también Raúl. Y yo me quedé sin saber qué decir.

—Creo que tienes mucha imaginación, Francesca. Para las chicas como tú tengo un batido especial con frutas naturales. ¿Te apetece?

—Pero que sea un superbatido, en vaso grande, ¿eh?

—Que sí, que sí.

Todos me miraban y se reían y yo me sentía un poco tonta. Sin embargo, no me parecía una locura.

—Pero mirad, chicos, tiene sentido.

Ahora nadie quería escuchar mis teorías y me miraban como si estuviera loca.

—Sí, sí... lo que tú digas. El director asesinó a Félix y ahora se lo lleva de vacaciones dentro de la maleta —Simona no me prestaba ninguna atención.

—Pues a mí no me parece ninguna tontería. Siempre he pensado que era muy extraño que el director y Félix llevaran exactamente el mismo disfraz. Era imposible saber quién era uno y quién era otro.

—Eso se llama falta de imaginación.

—Ya. ¿Y por qué el director sabía desde el principio que era un asesinato? Porque lo había cometido él —dije intentando convencerlos.

—Claro, y por eso fue el primero en decir que había que llamar a la policía.

–Bueno... eso es verdad –ya no sabía qué decir.

–Además, el único muerto que hay aquí es Félix, y no puede estar dentro de una maleta porque mañana va a ser el entierro.

–Es cierto. Tenéis razón. De todas formas, aquí hay algo raro y no sé qué es, pero voy a investigarlo –dije yo muy decidida.

–Será mejor que le dejes a la policía las investigaciones y que empieces a pensar en los exámenes. Recuerda que tenemos que hacer un examen esta semana.

–¿Examen? ¿De qué?

–De verbos irregulares –dijo Amandine.

–Con todo lo que ha pasado, en lo último en lo que estaba pensando yo era en un examen.

Entonces llegó Raúl con mi batido.

44

–Aquí tienes, Francesca. Tu superbatido con extra de fruta y con mucha nata.

–¡Hum! Gracias Raúl, tú sí que sabes cuidarme.

–Por supuesto que sí, mi reina –dijo poniendo el batido sobre la mesa–, pero son 2,10 euros.

–Desde luego eres un rata. Siempre estás pensando en el dinero.

–Normalmente pienso en "otras cosas", pero los negocios son los negocios.

Saqué el dinero del bolsillo 2,10 euros justos, ni uno más ni uno menos. Pero Raúl seguía de pie, esperando y mirándome fijamente.

–¿Qué pasa? –dije yo.

–¿No hay propina para el camarero? –dijo Raúl sonriendo.

–Pues la verdad es que no tengo más dinero. Lo siento.

–Esto no puede ser. Si no tienes dinero tendrás que darme un beso.

Los chicos estaban riendo muy alborotados. Empezaron a animarme y a gritar: "¡Beso! ¡Beso! ¡Beso!". Yo estaba roja de vergüenza pero le di un beso a Raúl para que se callaran. Después Raúl se fue muy contento jugando con la bandeja.

–Vaya, vaya, ... te has puesto colorada. Eso significa que te gusta Raúl –dijo Simona.

–¿A mí? ¡Qué tontería! Le he dado un beso porque estabais gritando.

Estaba totalmente avergonzada. Miré hacia la barra del bar y allí estaba Raúl, sonriendo mientras trabajaba. Nunca me había dado cuenta de lo guapo que era.

Lubo y Amandine se dieron también un beso.

–¡Jo! Ahora estoy rodeada de tortolitos. ¡Qué bonito es el amor! –dijo Simona.

–Muy graciosa, pero Raúl y yo no somos novios.

–Ya, ya, lo que tú me digas. Tiempo al tiempo, Francesca. Tiempo al tiempo.

De repente oímos el ruido de un coche que frenaba violentamente y todos miramos por la ventana. Era el coche del director que venía a toda velocidad y que se paró en la puerta de la escuela.

–¿Qué pasa? ¿Qué pasa? –dijo Raúl que venía corriendo. Todos estábamos pegados a la ventana.

–¡Sssssssh! Calla. Vamos a ver qué hace –dije yo.

El director salió del coche muy deprisa y entró a la escuela corriendo. Parecía que tenía mucha prisa por entrar, pero antes miró a todas partes para asegurarse de que nadie lo estaba mirando.

–Tenías razón, Francesca. Aquí está pasando algo raro –dijo Simona.

–¿Qué estará haciendo el director? ¡Mira! Se ha encendido la luz de su despacho.

Aunque era de noche podíamos ver la silueta del director a través de la ventana. Abría y cerraba los cajones buscando algo. Después de un rato encontró un sobre y lo abrazó mirando hacia arriba. Parecía muy contento de haberlo encontrado. Después apagó la luz y salió a la calle, alguien lo esperaba en el coche. Cerró la puerta de la escuela muy nervioso mientras miraba a todas partes; luego se metió en el coche. Nosotros seguimos mirando por la ventana hasta que desapareció de nuestra vista.

–Bueno, ¿y ahora qué me decís? –dije esperando que me dieran la razón.

Lubo abrazó fuertemente a Amandine, que parecía asustada y miraba hacia el suelo. Simona estaba también muy seria y pensativa.

–Lo que está pasando aquí es muy grave. Vamos a esperar, no quiero hacer afirmaciones sin tener toda la información. Mañana será el entierro de Félix, todo el mundo estará allí. Será la mejor oportunidad para observar cómo se comporta la gente. Vámonos, mañana tenemos mucho trabajo que hacer.

EJERCICIOS

1 Señala si las siguientes cuestiones son verdaderas o falsas.

1. El Jauja es un bar adonde van los estudiantes. ☐

2. Francesca piensa que el director lleva un muerto en la maleta. ☐

3. Francesca es la novia del camarero. ☐

4. Los chicos observan un comportamiento extraño en el director. ☐

5. El director busca en su despacho un papel importante. ☐

☛ JUGANDO A DETECTIVES

1. ¿Qué crees tú que llevaba el director dentro de la maleta? ¿Piensas que se va de vacaciones?

2. ¿Por qué crees que el director vuelve rápidamente a la escuela?

3. ¿Qué pueden ser esos papeles tan importantes que se ha llevado?

2 Selecciona la opción que creas más adecuada

1. Francesca le dice a Raúl que **es un rata** porque...

a) es muy sucio

b) es un tacaño

c) quiere un beso

2. Simona dice que está rodeada de **tortolitos** porque...

a) Francesca se ha puesto roja

b) Francesca le ha dado un beso a Raúl

c) hay muchas parejas de enamorados

3. Alguien parece un **pato** cuando...

a) sabe nadar

b) es muy torpe

c) sabe volar

Aquel mesón

Recuerdo bien el mesón Los Reales, allí solía ir con mi padre algunas veces. Me gustaba mucho el olor de las tapas y siempre me pedía un montado de lomo o choricito frito para acompañar mi refresco. Tengo muchos recuerdos agradables de aquel mesón, tenía un gran patio y allí salíamos los niños. Buscábamos chapas por el suelo y jugábamos con ellas. El patio era fresco y tenía mucha sombra. Dentro del mesón había mucho humo de cigarros y la gente hablaba en voz alta, todos se conocían. Recuerdo que pasábamos allí media mañana, pero de eso hace ya más de veinte años.

El otro día pasé por allí y el mesón ya no estaba; en su lugar habían puesto una tienda de ropa. Me quedé parada un momento pensando con los ojos cerrados y casi pude oler otra vez aquellos chorizos tan ricos, el humo, y oír todo aquel alboroto de la gente.

3 Contesta a estas preguntas.

1. ¿Los recuerdos son de un niño o de un adulto?

2. ¿Cuál era su tapa favorita?

3. ¿Cómo era el mesón?

4. ¿Cómo es ahora?

4 Escribe un pequeño texto hablando sobre tu bar o tu cafetería favorita.

5 Une con flechas las palabras y los dibujos y da una breve definición para estos términos.

1. bodega   **a)**

2. ciber–café   **b)**

3. restaurante   **c)**

4. chiringuito   **d)**

5. café-teatro   **e)**

6. bar de copas   **f)**

7. discoteca   **g)**

7. La dama de negro

Ese día me levanté muy temprano. Había quedado con los chicos en la parada del autobús para ir todos juntos al entierro de Félix. Los primeros en llegar fueron Lubo y Amandine, que me hacían señas con los brazos sentados en un banco.

–¡Hola, chicos! ¿Y Simona?

–No lo sé, todavía no ha llegado –dijo Amandine

–¿Y las flores? ¿No teníais que traerlas vosotros?

–Hay una floristería muy grande al lado de la casa de Simona y me dijo que ya las traía ella.

–Mira, por ahí viene.

Simona venía caminando con un gran ramo de flores al mismo tiempo que llegaba el autobús. Me moría de risa viéndola correr así, con las flores, tan torpe, parecía un pato. Por fin subimos todos.

–¡Uf! Creía que no llegaba. ¿Qué? ¿Os gustan las flores? –dijo Simona mostrando orgullosa el ramo.

–Preciosas, estoy segura de que a Félix le gustarán muchísimo dondequiera que esté.

–Sí, Lubo. Todavía no comprendo quién ha podido hacer una cosa así. Félix era un hombre encantador. No entiendo quién ha podido matarlo. ¿Quién puede estar interesado en la muerte de Félix?

–Tal vez el asesino es alguien que quiere que esté callado y que Félix no pueda hablar ni contar secretos –dijo Amandine.

–O alguien que lo odiaba porque quería algo que tenía Félix.

–O alguien que quería vengarse. La venganza es uno de los principales motivos para cometer un crimen.

–O quizás fue un error y no quería matar a Félix sino a otra persona.

–¿Qué quieres decir, Simona?

–Pues digo que quizás a quien quería matar el asesino era al director, pero se confundió porque los dos iban vestidos igual y parecían iguales.

–Un momento, chicos. Creo que es aquí donde nos tenemos que bajar. Mi abuela me dijo que el cementerio estaba en la séptima parada –dije yo.

Éramos los únicos que nos bajamos en esa parada. Nos quedamos quietos, mirando el cementerio, ya había mucha gente allí pero eso no le quitaba su aspecto tétrico.

–El cementerio es un lugar muy triste y siempre me da un poco de miedo estar aquí –Simona arrugó la cara mientras sentía otro escalofrío.

–Eso debe de ser porque está lleno de muertos –dije yo mientras todos empezábamos a reír.

–Pues a mí me trae muy malos recuerdos –dijo Lubo–. Mis tíos se murieron hace un año en un accidente de tráfico. Eran muy jóvenes.

–Lo siento, Lubo.

–No importa, ahora están descansando en paz.

Todos nos quedamos muy serios y nadie se atrevía a decir nada. Sin embargo, ya era hora de acercarse. Había un grupo numeroso de gente alrededor de la tumba de Félix. Allí estaba Lola, nuestra profesora, Juani, otros profesores, las secretarias y muchísimos alumnos.

–¡Vaya! Es muy bonito que hoy esté tanta gente aquí. Eso significa que Félix tenía muchos amigos. Fíjate cuánta gente.

Nos acercamos al grupo y yo me puse al lado de Juani para saludarla.

–¡Hola, Juani! ¿Qué tal?

–Pues muy triste, cariño. Muy triste porque esto es algo que nadie esperaba, algo muy fuerte, y siempre es muy doloroso perder a un amigo así.

–Tienes razón. Todo ha sido muy rápido.

Lola se quedó con nosotros, sus alumnos. Parecía muy dolida y hablaba muy suave, con la voz muy triste.

–Gracias por haber venido, chicos. Estoy segura de que Félix estará muy contento de saber que hoy estáis todos aquí. Ha venido toda la escuela y eso es un detalle muy bonito.

Amandine puso nuestro ramo de flores junto a los otros. Había flores de todos los colores con dedicatorias de los alumnos.

–Pero no es verdad que aquí esté toda la escuela. Fíjate, hay alguien que no ha venido –me dijo Simona en voz baja.

Yo empecé a mirar por todas partes. Me parecía que allí estaba todo el mundo. Incluso había venido la chica de la tienda de fotocopias de al lado de la escuela. De repente me di cuenta.

–Es cierto. ¡El director no ha venido! Esto confirma nuestra teoría. Seguro que él es el culpable.

Frente a la tumba de Félix había una señora muy hermosa y muy elegante vestida toda de negro. Llevaba un gran sombrero y unas gafas de sol de diseño.

–Simona, Simona, ¿ves a esa mujer? Pues estaba ayer por la tarde cuando el director bajó la maleta. Ella estaba esperando dentro del taxi.

–¿Y quién crees que es?

–No tengo ni idea.

Miré atentamente a la señora de negro. Sí, no había duda, era ella. Llevaba la misma rosa blanca en la chaqueta. Me preguntaba qué relación podría tener ella en todo esto, nunca la había visto antes en la escuela.

–Bueno, tú pregunta a Juani, yo preguntaré a Lola.

–Vale –dijo Simona.

Yo me acerqué a Lola para hablar con ella. Me daba mucha pena ver a nuestra profesora tan triste, ella siempre parecía muy alegre y llena de energía. Ahora estaba como ausente y muy, muy triste. En estas condiciones no tenía mucho ánimo para hablar con ella pero, de todas formas, se lo pregunté.

–Perdona, Lola. Estaba mirando a esa señora de negro y me estaba preguntando quién puede ser.

–¿La señora del sombrero?

–Sí.

De pronto Lola salió de su ensimismamiento y me contestó muy sorprendida.

–¡Pero si es María Conde! No, no puede ser... aunque la verdad es que se parece muchísimo, pero no puede ser.

–¿Qué pasa? Dime, ¿a quién se parece?

–Pues no sé quién es, Francesca, pero se parece mucho a María Conde, una ambiciosa mujer de negocios que ha llegado a la dirección del Banco Bankesto. Pero no puede ser ella, no tiene sentido, ¿qué iba a hacer aquí?

–Quizás conocía a Félix.

–No creo. Las mujeres como ella sólo tienen amigos en la *jet-set,* no tiene nada en común con Félix. Fíjate en su elegancia, su traje de Chanel, su gran sombrero y esos zapatos tan caros... De todas maneras no creo que sea ella.

Aquella mujer escuchaba atentamente las palabras del cura. Cuando el sacerdote terminó la ceremonia, cogió la rosa blanca que llevaba en su chaqueta y la puso encima de la tumba de Félix. Después, sin decir ni una sola palabra se alejó de allí en silencio.

Yo miré a Simona, que ya había acabado de hablar con Juani y venía hacia mí.

–¿Qué te ha dicho?

–Juani me ha dicho que Félix no contaba muchas cosas sobre su vida privada, pero que una vez vio la foto de esa mujer encima de la mesa de Félix. En la foto parecía bastante más joven pero Juani está segura de que era ella.

–¿Y bien? ¿Quién es?

–La foto estaba dedicada, ella había escrito "A mi marido en nuestro primer aniversario".

EJERCICIOS

1 Señala si las siguientes cuestiones son verdaderas o falsas.

1. Los chicos cogen un taxi para ir al entierro de Félix. ☐
2. Lubo ha comprado un bonito ramo de flores. ☐
3. Toda la escuela fue al funeral. ☐
4. La dama de negro es la directora de un gran banco. ☐
5. La dama de negro es la ex mujer de Félix. ☐

☞ JUGANDO A DETECTIVES

1. Describe cómo va vestida la dama de negro.
2. ¿Por qué ha ido al funeral?
3. ¿Por qué reconoce Francesca a María Conde?
4. ¿Dónde la ha visto antes?
5. ¿Qué relación crees que tiene ella con el crimen? ¿Piensas que puede ser la asesina?

2 Haciendo hipótesis

Cuando van en el autobús, los amigos de Francesca hablan sobre quién puede estar interesado en la muerte de Félix. Fíjate en las estructuras que utilizan y apúntalas aquí.

3 Haz hipótesis sobre qué pueden significar las expresiones:

1. Velar el cuerpo
2. Expresar condolencias
3. Dar el pésame
4. Visitar la tumba
5. Incinerar el cuerpo

■ Misa de difuntos

- ¿Has estado alguna vez en un entierro?
- ¿Qué se hace en tu país? ¿Crees que es igual en España?

El entierro del conde de Orgaz

El Greco, 1578.

Si has ido a Toledo seguro que has visto el museo del Greco, uno de nuestros pintores más importantes. En este cuadro, el Greco ha representado el entierro del conde de Orgaz.

Para el Greco la muerte es el comienzo de la glorificación. Y mientras el cuerpo se coloca en la tumba, el alma sobrevive para siempre, porque es eterna, esperando la resurrección de su cuerpo en "el último día".

El cuadro representa las dos dimensiones de la vida: abajo la muerte, arriba el cielo.

8. Más veneno

Cuando llegué a casa eran más de las tres de la tarde, tenía mucha hambre y estaba cansada. La abuela estaba en la cocina y fui corriendo a saludarla.

–Abuela.

–Hola, guapa, ¿qué tal?, dame un besote –le di un beso a la abuela mientras intentaba tomar un poco de pan.

–¿Ya has comido? –le dije.

–No. Te estaba esperando.

–¿Y qué hay? –pregunté buscando la comida con la mirada.

–Pues he preparado una fabada asturiana riquísima, con sus judías, su choricito, su tocino... Está para chuparse los dedos[5].

–Perfecto, porque tengo mucha hambre.

–Venga, entonces ve poniendo la mesa mientras yo caliento la comida. Además tengo una sorpresa para el postre.

–¿Arroz con leche? –yo sonreí encantada esperando una respuesta afirmativa.

–Sí, señora, como a ti te gusta.

–Gracias, eres la mejor cocinera del mundo –dije abrazándola.

–¡Venga! ¡Venga! Déjame tranquila y pon la mesa. Mira, las cucharas las tienes ahí, ¿están puestos los vasos?

–Sí, ya está todo: el mantel, los platos, los vasos, los cubiertos, el pan, la ensalada...

---

[5] *Estar para chuparse los dedos:* expresión familiar o coloquial para referirse a una comida deliciosa.

–Bueno, pues lleva esta jarrita de agua y ve sentándote que ahora mismo llevo esto para allá –dijo removiendo la fabada.

Me senté a la mesa. Impaciente, cogí el mando a distancia y empecé a buscar algo interesante en la televisión. Ya se habían acabado las noticias y empezaba la telenovela que tanto le gustaba a la abuela: *Laura Cristina*.

–¿Ya ha empezado? –la abuela venía deprisa por el pasillo.

–No corras, que vas a tirar la fabada. Son las letras del principio.

Por fin llegó la fabada y nos sentamos a comer. Estaba todo delicioso.

–Bueno, cuéntame, qué tal en el entierro, que no has dicho nada.

–Bien. Llevamos un ramo de flores muy bonito. Creo que Félix estará muy contento sabiendo que fue tanta gente a despedirlo.

–Ya me imagino que iría toda la escuela –dijo la abuela sirviéndose un generoso vaso de vino.

Yo la miré con censura.

–Si no pasa nada, Francesca. Un vasito de vino durante la comida no puede hacer mal a nadie. Esto es parte de la dieta mediterránea. Mira qué ensalada –dijo señalando la mesa–, mira qué fruta. Come igual que yo y vivirás cien años.

–Supongo que tienes razón. Pues sí, fue toda la escuela –dije recuperando el tema–. Bueno, casi toda, porque el director no se presentó.

–Es un hombre muy importante, ya sabes cómo estará de trabajo. Seguro que tenía otras responsabilidades y no pudo asistir al entierro.

–No sé, no sé, últimamente está haciendo cosas muy extrañas –dije pensativa–, yo creo que es el culpable.

–¿Por qué?

–Tal vez por venganza, o para que no pueda contar algo que ha visto... No sé.

–¡Qué retorcida eres! Pues en todas las telenovelas que he visto el asesino siempre es una persona normal de la que nadie sospecha nunca nada malo. Seguro que el culpable no es el director, tiene que ser otra persona... alguien que parece inocente, no sé...

–¡Ay, abuela, vaya detective que eres! Pero seguro que al final tendrás razón.

–Las personas mayores siempre tenemos razón, querida –sentenció la abuela llevándose a los labios otro sorbito de vino.

De repente cortaron la telenovela para dar una noticia urgente:

–Buenas tardes, señoras y señores, interrumpimos la programación para informarles de una noticia de última hora. El profesor García Salgado, conocido director de la famosa escuela de español Ñ de España acaba de aparecer muerto en su propia casa. Todo hace pensar que García Salgado se suicidó tomando un extraño veneno. Las puertas y las ventanas estaban cerradas con llave y los vecinos no han visto entrar a nadie en la casa.

El famoso profesor había recibido gran cantidad de premios internacionales y disfrutaba del respeto y la admiración de los más importantes estudiosos de la lengua. El prestigioso director tenía una gran fortuna amasada después de largos años de trabajo y nadie sabe las razones que lo llevaron a cometer suicidio. El inspector Jorge Sampedro se ha hecho cargo de este caso. Nuestra compañera se ha trasladado al lugar de los hechos para informarnos.

–Buenas tardes, Raquel –dijo el presentador de las noticias para darle la palabra a su compañera.

–Buenas tardes. Estamos aquí junto a la casa del profesor García Salgado donde ha sucedido esta terrible desgracia. A mi lado está el inspector de policía que está investigando el caso. Dígame, inspector, ¿qué es exactamente lo que ha pasado?

–Hemos recibido una llamada de un familiar del profesor que sospechaba que había algún problema. Hemos venido y, como no nos contestaba nadie, hemos abierto la puerta y lo hemos encontrado muerto en la cama.

–¿Por qué cree que el profesor García Salgado quería suicidarse?

–Pues no ha dejado ninguna nota ni había dado muestras de depresión. No estamos seguros pero pensamos que tal vez no es un suicidio.

–¿Qué quiere decir, inspector?

–Estamos estudiando el caso y buscando la relación que pueda tener con otro crimen sucedido en la escuela de español que García Salgado dirigía en Madrid.

–¿Cree que hay una conexión entre las dos muertes?

–No lo sé, no lo sé, de momento no puedo decir más. Simplemente estamos trabajando para encontrar una solución.

–Muy bien, muchas gracias, señor Sampedro. Esto ha sido todo por hoy. Despidiendo la conexión, les ha hablado Raquel Rodríguez.

Las dos nos quedamos en silencio, calladas durante unos segundos sin poder reaccionar. Lo que estaba pasando era demasiado fuerte. Ahora el director estaba muerto.

–¿No es ése el director de tu escuela?

–Sí... –dije yo muy pensativa.

–No me puedo creer que esté pasando esto. ¿Por qué se habrá suicidado?

–Me parece muy raro que alguien se suicide con veneno, no es muy normal.

–¿Qué quieres decir?

–Que para suicidarte utilizas pastillas, o una pistola, pero es muy extraño que alguien se suicide con veneno.

–No lo sé, cariño. Quizás fue por lo de Félix.

–Pero no tiene sentido. La muerte de Félix no fue un escándalo. El inspector Sampedro siempre ha sido muy discreto, el caso nunca se hizo público, nadie llamó a la prensa.

–Habrá que llamar a tu madre a Italia.

–Pero, abuela, yo quiero quedarme aquí.

–Lo siento Francesca, pero tu madre te envió a estudiar aquí y nosotros somos responsables de ti mientras estés en España.

–Pero escucha, abuela...

–Yo también quiero que te quedes aquí, cariño, pero la última palabra la tiene tu madre, y si ella dice que te tienes que ir, te irás.

Me levanté de la mesa muy triste y me fui a mi habitación. Empecé a pensar en cuando me vine a Madrid, en todos los amigos nuevos que había conocido aquí y en todas las cosas que había vivido y aprendido. Nunca me imaginé que iba a estar tan bien aquí. No quería irme, aquí estaba bien.

EJERCICIOS

1 Señala si las siguientes cuestiones son verdaderas o falsas.

1. El postre favorito de Francesca es la fabada. ☐

2. La abuela dice que el asesino puede ser alguien que no es sospechoso. ☐

3. El director de la escuela estaba muerto en la cama. ☐

4. En la nota de suicidio explicaba que estaba muy deprimido. ☐

5. La policía dice que hay relación entre las dos muertes. ☐

☛ JUGANDO A DETECTIVES

1. ¿Cómo ha muerto el director?

2. ¿Crees que ha sido un suicidio?

3. ¿Cuáles son las causas que han podido provocar el suicidio del director?

4. ¿Crees que hay alguna conexión con la muerte de Félix?

2 Busca en el texto toda la información que da el periodista sobre el director García Salgado y escribe una posible biografía de él.

....
....
....
....
....
....
....
....
....

3 Sitúa estas especialidades gastronómicas en el mapa de España.

1. fabada asturiana

2. cocido madrileño

3. paella valenciana

4. gazpacho andaluz

5. pisto manchego

6. crema catalana

■ ¿Conoces alguno de estos famosos platos? Explica a tus compañeros cómo son y pregunta a tu profesor lo que no sepas.

Vamos a preparar arroz con leche

El arroz con leche es muy fácil y rápido de hacer y es un postre que está para chuparse los dedos. Seguro que tienes todos los ingredientes en tu casa, sólo necesitas arroz, leche, azúcar, la cáscara de una naranja y un poquito de canela.

1. Calienta 3 tazas de leche en un cazo y mézclale azúcar y la cáscara de una naranja para darle sabor.

2. Añádele una taza y media de arroz cuando esté cociendo y ve echando leche poco a poco.

3. Remueve el arroz hasta que veas que ya está listo para comer.

4. Sírvetelo con un poco de canela y ya verás qué rico.

4 ¿Eres buen cocinero? Cuéntale a tus compañeros cómo es uno de los platos típicos de tu país. Apunta las recetas fáciles de preparar e intercámbialas con tus compañeros.

9. La curiosidad mató al gato

Después de la noticia de la muerte del director quedamos[6] en el Jauja para comentar lo que estaba pasando, todos estábamos muy impresionados. Cuando llegué, Raúl estaba hablando con Lubo y Amandine, intentando encontrar alguna explicación para esto.

–¡Hola, chicos! ¿Cómo estáis?

–Bien, un poco nerviosos, pero bien. La cosa se está poniendo fea, ¿eh?

–Espero que la policía encuentre por fin al culpable –dijo Amandine.

–Sí. Mi familia española va a avisar a mi madre para contarle lo que está pasando y, conociéndola, seguro que tengo que regresar a Italia en el próximo avión –dije con resignación.

Cuando Raúl me oyó, dejó lo que estaba haciendo y vino a verme muy preocupado.

–Pero ¿por qué? Me parece absurdo. La policía está trabajando y pronto resolverá el caso. Tampoco hay que exagerar; además, vosotros seguís teniendo clases de español y todavía tenéis mucho que aprender, y la vuestra es una de las mejores escuelas, y...

–Tranquilo, chico, tranquilo. Había pensado llamar a mi madre antes de que la llame mi familia española. Hablaré con ella a ver qué pasa.

–Sí, eso, eso, llámala. Dile que aquí estás muy bien y que todos tus amigos se quedan, y que no se preocupe por

---

[6] Quedar: tener una cita, encontrarse con una persona.

nada. Además aquí estás muy bien cuidada y te encanta tu familia española, ¿no? –dijo Raúl

–Pero bueno, te veo a ti más interesado que a ella –señaló Lubo sorprendido por la brillante argumentación de Raúl.

Simona entraba en ese momento por la puerta.

–Venga, guapa, siempre la última –le dije enseñándole mi reloj.

–Es que me tenía que duchar.

–Raúl, saca el champán, que Simona por fin se ha duchado –dijo Lubo bromeando.

–Muy gracioso, Lubo, muy gracioso. Es que se me ha pegado[7] un poco lo de la puntualidad española, aquí siempre dan cinco minutos de margen en una cita –se justificó Simona.

---

[7] *Pegarse:* término coloquial para expresar que se han tomado las costumbres de otro por influencia.

–Oye, que yo soy español y siempre llego a mis citas puntualmente –protestó Raúl–. A ver cuándo me has visto a mí llegar tarde, Simona.

–Bueno, Raúl, es que tú eres un caballero.

Raúl sonrió goloso al comentario de Simona.

–Venga, id sentándoos que ahora os pongo algo de beber.

Mientras buscábamos una mesa para sentarnos Simona notó que me pasaba algo.

–Te veo muy pensativa, ¿te pasa algo?

–¿Por qué piensas que se ha suicidado el director?

–He oído que tal vez lo hizo por lo de Félix –dijo Simona.

–A mí me parece que ellos no eran tan buenos amigos como para que el director se suicide. No creo que sea ése el motivo. Y tampoco hubo un escándalo sobre el caso.

–Quizás el director sabía más cosas sobre la muerte de Félix. Cosas que nosotros no podemos imaginar.

–O quizás el director era el asesino y se ha suicidado porque era culpable.

–Quién sabe... A lo mejor el verdadero asesino está libre y los ha matado a los dos –dijo Simona.

–Bueno, basta ya de hacer hipótesis, me voy a volver loca pensando tonterías.

–Sí, tienes razón, Francesca. Además, tenemos que estudiar para el examen de verbos.

–¡Oh, no! Lo había olvidado. ¿Cuándo es? –dije preocupada.

–El miércoles, o sea, pasado mañana.

–Pues yo no puedo estudiar con el estómago vacío –dijo Lubo–, así que, Raúl, tráenos unas raciones que invito a una ronda[8].

–Muy bien, ahora os traigo una ración de calamares y unos taquitos de jamón y queso que están para chuparse los dedos. Ya veréis.

–Bueno, yo os dejo. Me voy –dije levantándome de la silla.

–¿Qué pasa, Francesca, no te gustan los calamares? –Raúl se puso delante de mí sin dejarme pasar.

–Sí, sí, pero es que voy a llamar a mi madre y a decirle que quiero seguir aquí, en la escuela, con vosotros, y que todo va bien.

–Si es para eso te dejo pasar. Ya verás que no tienes ningún problema con tu madre.

–Venga, hasta luego, chicos.

–Hasta luego, Francesca.

Tuve que insistir mucho pero mereció la pena[9], mi madre me permitió quedarme en la escuela con la condición de que las calificaciones de mis exámenes fueran siempre muy buenas. Entonces comencé a prepararme para el examen de verbos irregulares: "Yo oigo, tú oyes, él, ella, usted oye...", pero no podía concentrarme, "nosotros oímos, vosotros oís, ellos, ellas, ustedes oyen".

–Boli, ven aquí gatito. Ven con Francesca.

Boli estaba en el suelo jugando con las cortinas, entrando y saliendo de ellas. Pero no me hacía caso, parecía que

---

[8] Invitar a una ronda: invitar a una bebida a todos los presentes.
[9] Merecer la pena: resultar satisfactorio, a pesar del esfuerzo.

ni me había oído. De repente, sonó mi teléfono móvil y el gato se asustó. Era Raúl. ¡Raúl me estaba llamando!

–¡Hola! ¿Cómo estás?

–Bien, Francesca, ¿y tú? ¿Qué estás haciendo?

–Nada. Bueno, estudiando un poco.

–Mira... es que esta tarde no tengo que trabajar y... en fin... quería saber si te gustaría venir al cine conmigo.

No me lo podía creer, me estaba pidiendo una cita. Raúl quería verme...

–Me encantaría.

–¿De verdad?

Ahora se reía y estaba muy contento. Y yo también, pero después miré la mesa que estaba llena de papeles, el libro de español, una gramática y mi diccionario. Me empecé a sentir culpable y a recordar la promesa que le hice a mi madre.

–Me encantaría ir contigo al cine, pero lo siento, tengo que estudiar. Me apetece muchísimo salir, pero le prometí a mi madre que sacaría las mejores notas.

–Bueno, no importa –Raúl parecía desilusionado–. Quizás en otra ocasión.

–Sí, en otra ocasión.

–Espero que tengas suerte mañana en el examen, así te quedarás en España.

–Sí, ahora tengo que meterme en la cabeza todos esos verbos irregulares.

–Estoy seguro de que te saldrá muy bien. Eres una chica muy guapa y muy inteligente.

–¡Vaya! Muchas gracias.

–Bueno, Francesca, hasta mañana. ¡Suerte con el examen!

–Hasta mañana y muchas gracias por la invitación –cuando Raúl colgó el teléfono me quedé un instante mirando el móvil sonriendo como una tonta–. ¿Has oído, Boli? Para una vez que Raúl se decide a invitarme resulta que soy yo la que no puede ir. ¡Qué mala suerte! Aunque es un poco surrealista hablarle a un gato negro sobre la mala suerte, ¿no?

Boli seguía muy entretenido jugando con las cortinas y parecía indiferente a mis problemas. De repente me llamó la abuela, estaba gritando mi nombre desde el cuarto de estar: "¡Francesca! Corre, hija, ven".

–Ya voy, ya voy. ¿Qué pasa? –dije entrando en la salita.

–Mira, es el entierro del director de tu escuela. Lo están poniendo en la televisión, mira.

Efectivamente era su entierro. Esta vez no nos habían dejado ir a los alumnos, habían ido famosos lingüistas, profesores y gente importante. No reconocía a nadie. Bueno, sí, allí estaba, era otra vez aquella dama de negro. Era imposible verle la cara detrás de aquellas gafas negras y el sombrero. Pero quién era en realidad, y qué relación tenía con los muertos. Juani dijo que era la exmujer de Félix, pero ¿cómo había conocido al director?

–¿Qué estás mirando? ¿Qué pasa? –la abuela vio mi cara de asombro.

–Es esa mujer. Fíjate, abuela, allí está. Es otra vez la dama de negro –dije señalando la televisión.

La dama misteriosa volvió a coger la rosa blanca de su chaqueta y la dejó suavemente sobre la tumba del director. ¿Qué macabro ritual sería ése? No sabía cómo encajar todo esto, pero tenía que encontrar alguna explicación.

–¡Ah, Francesca! Cuando he ido por el pan me he subido el correo. Te he dejado tus cartas en la mesita del salón, ve a ver. Tienes cartas de Italia.

Me hacía mucha ilusión recibir cartas de mis amigos. Siempre me mandaban fotos, postales y música que no se encuentra aquí.

Había una postal de mi madre, una carta de Paola, una de mis mejores amigas en Turín, y también había otra carta que me llamó la atención porque no tenía sello. La abrí en primer lugar. Era una tarjeta sin firma, escrita con una antigua máquina de escribir; únicamente había una frase: "La curiosidad mató al gato". No entendía muy bien qué quería decir aquello, pero sabía que era una amenaza. Pero ¿de quién? Y ¿por qué? Entonces llamaron a la puerta. Era Simona, estaba pálida y parecía muy nerviosa y acelerada.

–¡Simona! ¿Qué te pasa?

–Perdona que haya venido así, pero es que tengo que enseñarte una cosa. ¿Podemos hablar en tu cuarto? –Simona hablaba en voz baja y estaba muy misteriosa.

–Sí, sí, pasa.

–¿Quién ha venido, Francesca? –la abuela había oído la puerta.

–No pasa nada, abuela. Es Simona, estaremos en mi habitación –entramos en mi cuarto y cerramos la puerta. Simona estaba muy nerviosa–. Dime, ¿qué pasa?

–Mira, Francesca, lo he recibido esta mañana. Llevo todo el día comiéndome la cabeza[10], no sé qué hacer.

Enseguida reconocí el sobre, era un anónimo igual que el mío, sin remitente ni sello: "La curiosidad mató al gato".

–Yo he recibido otro igual. También ha llegado esta mañana, pero la abuela olvidó decirme que tenía cartas. Lo acabo de leer ahora mismo.

–¿Qué crees que significa?

–Pues no sé. Creo que alguien intenta decirnos que no hagamos más preguntas.

–¿Crees que los demás también han recibido un anónimo? –dijo Simona.

–No, no creo.

---

[10] *Comerse la cabeza*: expresión coloquial para indicar que se está muy preocupado.

–¡Ay, Francesca! Estoy muy nerviosa. ¿Quién puede hacernos una cosa así?

–No te preocupes tanto. Puede ser una broma, quizás alguien quiere hacerse el gracioso.

–¿Una broma? Entonces lo mejor será romperlo –dijo tomando el anónimo en sus manos, dispuesta a hacerlo pedazos.

–No, no lo rompas. Espérate un poco.

–¿Esperar? ¿A qué?

–Bueno, el inspector Sampedro me dijo que cuando tuviera alguna información nueva debería ir a verle. Quizás lo mejor es ir a la policía.

–¿Policía? Yo prefiero creer que todo esto es una broma –dijo Simona.

–Sí, una broma pesada de algún idiota.

–Pero un idiota que nos conoce muy bien y sabe que estamos haciendo demasiadas preguntas y también sabe dónde vivimos. Todo esto me está dando muy mal rollo[11], Francesca, muy mal rollo.

–Bueno, tranquilízate. Lo mejor es no darle tanta importancia, todavía no sabemos si es una broma o no. Mira, lo mejor es olvidar todo este asunto y pensar en otra cosa.

–Pero ¿cómo puedes decir eso?, Francesca. Desde que lo recibí esta mañana llevo todo el día pensando en quién ha podido escribirnos esto. Estoy aquí desde hace algo más de tres meses, todo el mundo que conozco es de la escuela de español, tiene que haber sido alguien de allí. Además, a ti

---

[11] *Dar mal rollo:* expresión coloquial para expresar una mala sensación.

también te conoce –Simona estaba muy nerviosa–. Todo esto es por tu culpa, siempre estás jugando a los detectives.

Nunca había visto a Simona tan enfadada conmigo. Estaba muy nerviosa y violenta. Realmente me echaba la culpa[12] de lo que estaba pasando y yo no sabía cómo tranquilizarla.

–Siento que pienses que te causo problemas –le dije muy triste–, Simona, nos conocemos desde hace tiempo, vinimos aquí juntas y, desde entonces, siempre hemos sido las mejores amigas. No entiendo cómo puedes prestarle atención a ese anónimo. No sabemos quién lo ha escrito, tal vez algún estúpido que quiere reírse de nosotras. Pensaba que nuestra amistad valía más que ese papel.

Simona seguía sin mirarme a los ojos. Tenía el anónimo en la mano, aquel papel parecía tener más valor que yo.

---

[12] Echar la culpa a alguien: pensar que otra persona es culpable de algo.

Empezaba a dudar de la firmeza de Simona, que miraba hacia el suelo y tardaba en responder.

–Lo siento, Francesca. Siento haber dudado de ti, tienes razón. No sé qué me ha pasado, soy una tonta. Es que todo esto me está afectando demasiado. Tienes razón, no volveré a darle importancia a este maldito papel. ¿Amigas? –Simona extendió los brazos hacia mí.

–Amigas –dije abrazándola.

EJERCICIOS

1 Señala si las siguientes cuestiones son verdaderas o falsas.

1. Francesca quiere volver a Italia. ☐

2. Raúl invita a Francesca al teatro. ☐

3. Escuchan por la radio la noticia sobre el funeral del director. ☐

4. Francesca y Simona reciben un anónimo para que no sigan investigando. ☐

5. Simona piensa que el autor del anónimo es alguien de la escuela. ☐

☛ JUGANDO A DETECTIVES

1. Francesca ve las imágenes del funeral del director García Salgado y reconoce a una persona, ¿quién es?, ¿por qué la reconoce?, ¿por qué crees que hace eso?

78

2. Francesca y Simona reciben un anónimo: ¿qué pone en el anónimo?, ¿qué crees que significa?, ¿quién piensas que lo ha podido escribir?, ¿qué harías tú en su situación?

2 En el anónimo aparece una expresión popular. Intenta averiguar el significado de estas expresiones según el contexto, y luego haz una frase con cada una de ellas.

• Pensaba que los zapatos que me compré eran de piel, pero ahora veo que no, que *me han dado gato por liebre*.

• Últimamente todo el mundo está demasiado simpático conmigo, no sé qué está pasando, pero creo que aquí *hay gato encerrado*.

• Tengo las medias rotas pero no importa, nadie se dará cuenta, *de noche todos los gatos son pardos*.

....
....
....

■ Relaciona.

a) Dar gato por liebre   **1)** Disimular, confundir

b) Haber gato encerrado   **2)** Engañar

c) De noche todos los gatos son pardos

- ¿Cuándo te han dado a ti gato por liebre?

- ¿En qué momento dirías tú "aquí hay gato encerrado"?

- ¿Por qué crees tú que se dice que "de noche todos los gatos son pardos"?

Cómo ligar si no habláis el mismo idioma

Dicen que los polos opuestos se atraen y es verdad, porque siempre tenemos mucha curiosidad por conocer otras culturas y personas que son de otros países. ¿Qué puedes hacer si te gusta un chico o una chica que no habla tu idioma? Aquí te vamos a dar algunos consejos:

Lo más importante es ser simpático y divertido, la alegría es un idioma universal que siempre es bien recibido. Pero ten cuidado de no ser excesivamente simpático, porque pueden pensar que eres un pesado. Si eres tímido, lo más eficaz es una bonita sonrisa y dejarte seducir.

3 Contesta a estas preguntas.

1. ¿Eres un ligón(ona)? ¿Cuál es tu secreto?

2. ¿Qué otras estrategias tienes tú para ligar cuando no entiendes a la otra persona? Completa el texto dando más consejos.

3. Demuestra lo que vales e intenta ligar con un compañero(a), de tu clase. Ganarás si finalmente consigues una cita.

10. La nueva directora

Me había levantado temprano para repasar un poco antes del examen. La abuela había comprado churros para desayunar.

–Venga, Francesca, que hay churros. Ven a la cocina antes de que se enfríen.

Yo estaba nerviosa y preocupada. Las cosas se habían complicado mucho. Sin embargo, tenía la impresión de estar cerca de resolver el caso.

–¡Ay, hija, vaya cara! ¿Es que no has dormido bien?

–Sí, sí, es que me he levantado pronto para estudiar un poco. Quiero sacar las mejoras notas en el examen.

–¿Seguro que sólo es eso?

–Sí, abuela.

–Bueno, yo voy al aeróbic y luego al centro cultural; hoy tenemos tertulia.

–¿Sobre qué vais a hablar en la tertulia?

–Pues creo que va a estar muy interesante, vamos a hablar sobre espiritismo. Han invitado a una médium muy famosa.

–¿Médium?, ¿espiritismo? Pensaba que tú no creías en esas cosas.

–A mí me parece todo una tontería, pero a estas cosas lo mejor es tenerle respeto por si acaso. Te pondré una vela blanca para que tengas suerte en el examen.

Me encanta esta mujer, me gusta su sentido del humor y sus contradicciones. Nos hemos acostumbrado la una a la otra y la verdad es que no sé qué voy a hacer cuando nos separemos. Yo no conocí nunca a mis abuelos, pero desde que estoy viviendo aquí la siento como parte de mi familia.

Pensaba en todo esto mientras desayunábamos. Ella sabe hacer el mejor chocolate del mundo. Y allí estábamos las dos, hablando de nuestras cosas como si nos conociéramos de toda la vida. Me encanta mi abuela española.

–Venga, niña, que nos vamos. ¿Quieres que te lleve en coche a la escuela?

–Bueno.

La abuela tenía ya más de setenta años y era un peligro público conduciendo. Pero lo bueno que tenía es que, al menos, conducía despacio. Era la mujer más prudente que había visto en mi vida.

–¿No te importa bajarte aquí, cariño? Es que los aparcamientos en línea se me dan muy mal.

Antes de bajar del coche le di un abrazo a la abuela con tanta ternura que ella sintió que me pasaba algo. Sabía que estaba preocupada, pero ella respetaba mucho mi intimidad.

–Venga, venga... que cualquiera que nos esté mirando va a pensar que somos pareja –dijo la abuela sonriendo.

Cerré la puerta del coche y me despedí con la mano mientras la abuela se alejaba. Desde el otro lado de la calle miré el Jauja, el olor del café podía sentirse desde aquí. Raúl...

Me quedé un minuto parada mirando el bar, después entré en la escuela un poco melancólica. Enseguida me encontré con Amandine.

–Hola, qué pronto has venido.

–Sí, es que quería reservar un ordenador con Internet –dijo Amandine–. ¿Sabes? Ahora la secretaria ha pasado a ser la directora de la escuela.

–¿Directora?

–Y no puedes imaginar cómo ha cambiado. Ya no es tan simpática como era antes, ahora es fría y soberbia. Siempre está dando órdenes y tiene muy mal humor.

–Bueno, a lo mejor es porque es su primer día.

–Pues no lo creo. Actúa como si la escuela fuera suya.

La nueva directora salió de su despacho. No sólo había cambiado su comportamiento, también su imagen. Ya no llevaba gafas ni aquellos trajes de niña buena. Ahora llevaba el pelo suelto, se maquillaba mucho más y parecía más elegante con aquellos zapatos de tacón.

–¿Ésa es la secretaria? –le dije a Amandine en voz baja.

–No, señorita Lombardi, ahora soy la directora de esta escuela. Y me estaba preguntando qué están haciendo ustedes aquí. ¿No tendrían que estar ya en clase?

–Sí, directora, ahora mismo íbamos a subir –dijo Amandine llevándome hacia las escaleras.

–Si no lo veo no lo creo. ¡Vaya cambio que ha dado la secretaria!

–Directora, Francesca, directora... –me corrigió Amandine.

Subimos las escaleras bajo la atenta mirada de la directora, que nos observaba desde abajo con cara de amargura. Cuando llegamos a clase el examen estaba a punto de comenzar.

La mañana se pasó muy rápidamente con lo del examen. Además nos lo pasamos muy bien durante la clase de conversación; estuvimos haciendo un debate muy animado sobre la boda del Príncipe.

Cuando salimos de clase nos encontramos a Juani, que estaba limpiando el pasillo. Simona se acercó para saludarla.

–Hola, Juani.

–Hola, chicas. Anda, que vaya cachondeo que teníais en clase. Se oían las risas desde aquí –dijo Juani.

–Es que estábamos casando al Príncipe.

–Desde luego, qué buen humor tenéis, no como la nueva directora, que ha empezado a trabajar discutiendo con todo el mundo, parece un sargento del ejército.

–Qué sorpresa, ¿verdad? Ver a la secretaria como directora.

–Para mí no es ninguna sorpresa. Ella siempre ha sido una mujer muy ambiciosa, le gusta mucho el poder. Además, últimamente pasaba demasiado tiempo en el despacho del director. Siempre que entraba a limpiar, ella estaba dentro.

–¿De verdad? ¿Crees que ella puede tener relación con lo de Félix y el director?

–Eso quien lo tiene que decidir es la policía, que en lugar de buscar al culpable siempre me están molestando –dijo Juani enfadada.

–Pero ¿por qué?

–Parece que el veneno con el que mataron a Félix y al director es un insecticida muy potente que compró la escuela para evitar las plagas. Los únicos que teníamos acceso al cuarto de la limpieza éramos Félix y yo, nadie más pudo coger la llave. La policía lo sabe y sospecha de mí –dijo Juani con resignación.

–Pero eso es injusto. No me lo puedo creer.

–Yo tampoco. Pero la vida es así, qué le vamos a hacer. El inspector Sampedro siempre está detrás de mí.

–No te preocupes, Juani, al final la verdad siempre se descubre.

–Y vosotras, ¿habéis descubierto algo nuevo? Porque vosotras también estáis buscando al culpable, ¿no? –dijo con mucha curiosidad.

–Sí, pero supongo que no debemos ser unas buenas detectives porque nuestro principal sospechoso era el director y ahora lo han matado.

–No lo han matado, Simona –Juani tenía una extraña mirada–. Se ha suicidado él solito –señaló.

–Pues yo creo que el culpable aún está libre y no ha parado hasta que no ha matado al director. El culpable o la culpable –dije con malicia.

–¿Crees que fue alguna mujer? –preguntó Juani desconfiada.

–Tal vez la dama de negro, o la nueva directora, o alguien de quien no sospechamos todavía –dije mirándola fijamente.

–Creo que ves demasiado la televisión, Francesca. Tienes mucha imaginación –la voz de Juani parecía cada vez más dura. Realmente parecía molesta conmigo y su mirada era cada vez más amenazante–. No quiero que os molestéis. Solamente digo que no creo que sea buena idea que estéis investigando algo tan peligroso. No debéis meteros en problemas, este asunto ya se ha complicado bastante y, de todas maneras, vosotras habéis venido aquí a estudiar, no a complicaros la vida. Vosotras sois jóvenes y bonitas, pasáoslo bien y dejad las investigaciones para la policía. No penséis tanto en tonterías y salid a tomar el sol. Mirad qué día más bueno hace.

Simona y yo nos fuimos al Jauja sorprendidas y extrañadas. Parecía que Juani estaba intentando convencernos para que dejáramos de investigar. ¿Por qué ese interés? ¿Es que Juani tenía algo que ocultar?

EJERCICIOS

1 Señala si las siguientes cuestiones son verdaderas o falsas.

1. Francesca está nerviosa y preocupada por el examen. ☐

2. La abuela conduce muy bien. ☐

3. La antigua secretaria es ahora la nueva directora de la escuela. ☐

4. La policía cree que Juani puede ser culpable. ☐

5. Juani quiere que las chicas sigan haciendo preguntas. ☐

☛ JUGANDO A DETECTIVES

1. ¿Por qué piensa el inspector Sampedro que Juani tiene relación con las muertes?

2. ¿Por qué Francesca está incómoda con Juani?

3. ¿Qué les dice Juani sobre la nueva directora?

4. ¿Cómo era antes? ¿Por qué crees que ha cambiado?

2 La abuela de Francesca va a ir a una tertulia sobre espiritismo. ¿De qué cosas crees que van a hablar? Escribe un pequeño texto expresando tu opinión sobre el tema.

....
....
....
....
....
....

3 Lee atentamente esta oferta de trabajo sacada del periódico.

Importante escuela de idiomas precisa responsable para cubrir el puesto de gerente.

Requisitos:

....
....
....
....

Se ofrece incorporación a la plantilla después de un periodo de prueba de 3 meses. Posibilidades de promoción dentro de la empresa.

Interesados mandar el currículum a la siguiente dirección: C/ Sanjuán, 158, 3.ª planta. 54001 Salamanca.

• ¿Qué características tiene que tener un buen gerente de una empresa? Piensa en la personalidad, las cualidades, la formación, la experiencia... y completa el anuncio.

• Prepara un pequeño currículum con tu compañero y preséntate a la entrevista.

Consejos para tener éxito en una entrevista de trabajo

1. Infórmate sobre la empresa antes de acudir a la entrevista y prepara las posibles respuestas.

2. No llegues tarde.

3. Deja que el entrevistador te tienda primero la mano y siéntate sólo cuando te lo pidan.

4. No fumes.

5. Lleva en una carpeta los títulos, diplomas y documentos que creas que te van a hacer falta.

6. Muestra seguridad en tus respuestas. Sé concreto, no contestes con evasivas ni des demasiadas informaciones.

11. En la comisaría

Al acabar las clases fuimos al Jauja, como siempre. Lubo y Amandine ya estaban allí, se habían pedido un batido para dos; se miraban, sonreían y se besaban. Ciertamente aquellos chicos habían nacido el uno para el otro. Quizás yo también empezaba a echar de menos un poco de amor en mi vida.

Simona había ido a saludar a Raúl, que estaba trabajando detrás de la barra. Por un instante nuestras miradas se encontraron pero él bajó la vista rápidamente, parecía receloso, tal vez estaba un poco molesto porque ayer no quise acompañarle al cine.

–¿Qué tal el examen? –me preguntó Lubo.

–No lo sé, a mí no me gusta hablar de los exámenes. Lo que tenga que ser, será –dije sentándome con ellos.

–Tú siempre tan negativa, y luego sacas unas notazas...

–Se lo prometí a mi madre.

Raúl se acercó a tomarnos nota, venía con Simona y, aunque siempre estaba muy contento, ahora parecía un poco triste y resentido.

–¿Qué queréis tomar? –dijo muy serio.

–Yo, un zumo de naranja.

–Lo siento, Francesca, no me queda.

–Pues... entonces de piña.

–Otro para mí –dijo Simona.

–Muy bien, ahora mismo os lo traigo.

Cuando Raúl se fue a buscar las bebidas aproveché la ocasión para hablar con Simona.

–¿Qué le pasa a Raúl? ¿Está enfadado conmigo?

–Pregúntaselo a él –dijo Simona.

–Pero tú eres mi amiga. No me hagas esto –dije buscando su complicidad.

–Bueno, bueno... no te pongas así.

–Cuenta –giré mi silla hacia la de Simona y empezamos a hablar sobre Raúl. Simona no estaba muy participativa pero conseguí sacarle la información.

–Creo que le gustas mucho a Raúl, por eso se desilusionó tanto. Ahora se siente rechazado y le da vergüenza. Nunca le había visto así, creo que está loco por ti[13].

–¿De verdad?

Volví la cabeza para mirarlo. La verdad es que era difícil no fijarse en un chico como él. Raúl era muy simpático, siempre había gente a su alrededor, era muy divertido y siempre tenía alguna idea loca para pasar la tarde. Simona me sonreía como si me estuviera leyendo el pensamiento.

–¿Qué?

---

[13] *Estar loco por algo o alguien:* expresión coloquial que indica que a uno le gusta mucho una cosa o una persona.

—Buen culo, ¿no? —dijo giñándome[14] un ojo.

—Pero ¿qué dices? Yo no estaba mirando eso.

—Ya, ya...

—Oye, ¿y qué piensas de Juani? —dije yo cambiando de tema.

—No puedo creer que la policía la esté investigando, pero si es incapaz de matar una mosca[15]. Por otro lado, ella era la única que tenía las llaves del cuarto donde estaba el veneno... No sé, es una historia un poco extraña.

—¿No te ha dado la impresión de que Juani estaba intentando convencernos para que dejemos de hacer preguntas sobre el caso? ¿Por qué crees que quiere que dejemos de investigar?

—Imagino que sólo quiere protegernos. Como dijo ella, hemos venido aquí a estudiar y pasarlo bien y no a tener problemas.

—¿Y no crees que es una extraña casualidad que Juani nos aconseje no hacer más preguntas sobre el caso justo cuando recibimos los anónimos?

—Yo no creo que Juani sea la responsable de los anónimos. Además, decidimos no pensar más en ello y... sinceramente, creo que es lo mejor —dijo Simona.

—¿Y la directora?

—Bueno... es su primer día en un puesto de responsabilidad. Quizás por eso está tan diferente.

---

[14] Guiñar: gesto que consiste en cerrar un solo ojo mirando a otra persona en señal de complicidad.

[15] *Ser incapaz de matar una mosca:* expresión coloquial para hablar de una persona de la que no parece posible que haga mal a nadie.

–Desde luego, encuentras justificación para todo –dije un poco enfadada. Simona no quería tener más problemas–. Y ¿no te parece sorprendente que la secretaria pase a sustituir al director? Yo pensaba que tenía que ser algún profesor, me parece más lógico, ¿no?

–Imagino que la secretaria conoce muy bien todas las cosas que el director estaba haciendo, y nadie mejor que ella para seguir trabajando en su lugar.

No podía creer la actitud de Simona. Tan sólo unas horas antes pensaba igual que yo, y ahora parecía encontrar un orden especial para explicar todo lo que estaba pasando. Simona estaba ausente y distraída; se entretenía hablando con Lubo y Amandine y ya no estaba interesada en saber si había o no un asesino en la escuela. ¿Por qué ese cambio? Parecía que los anónimos le habían impactado más de lo que yo pensaba.

De repente sonó mi móvil, era la abuela que venía a recogerme, tenía el coche en doble fila, así que me despedí de los chicos y me levanté para irme.

–¿Ya no quieres tu zumo? –Raúl venía con las bebidas y parecía un poco triste–. Siempre que vengo te vas –dijo decepcionado.

–¡Oh! Lo siento, me están esperando... Pero te pagaré de todas maneras.

Dejé el dinero encima de la mesa y me fui corriendo. Hoy estaba siendo un día muy difícil y todo el mundo se comportaba de una manera muy extraña. Empezaba a tener dolor de cabeza y lo único que quería era encontrar la sonrisa inocente de la abuela.

Después de comer nos tumbamos en el sofá para ver la televisión. Siempre veíamos una telenovela venezolana que iba ya por el capítulo 257. Comprendí que la abuela se

había dormido cuando dejó de hacer *zapping* en los descansos. Boli también se había dormido y respiraba profundamente. No había ningún ruido en la casa, solamente el tic-tac de un reloj de pared. Era una tarde soleada y perezosa y yo estaba tan cansada que me dejé vencer por el dulce calorcito de la siesta.

Cuando desperté todo el mundo estaba activo. Boli se estaba paseando elegante y femenino por encima del sofá y la abuela estaba saliendo de la ducha.

–¡Ah, Francesca! ¿Ya te has despertado? Te han llamado por teléfono.

Yo estaba estirándome y bostezando. Parecía que había estado dormida una semana.

–¿Teléfono? Yo no he oído nada.

La abuela me hablaba desde su cuarto.

–Era de la comisaría, el inspector Sampedro quiere hacerte más preguntas.

–Iré luego. Además me apetece pasear.

La abuela salió de su habitación con un vestido muy bonito y los labios pintados. Los miércoles tenía clase de salsa en un salón de baile.

–¡Vaya, qué guapa te has puesto!

–Sí, es que la semana pasada vino un señor de Sevilla que está como un queso[16]. Se va a quedar en Madrid a vivir con sus hijos ahora que es viudo. La semana pasada fue mi pareja de baile, así que quiero ser puntual para que no me lo quite nadie –me contó toda contenta–. Entonces, ¿decías que te ibas andando a la comisaría?

–Sí, sí, no te preocupes.

–Como quieras, cielo. Bueno, yo me voy que llego tarde. No te doy un beso porque no te quiero manchar de pintalabios. Te veo después.

–Venga, abuela, hasta luego.

Poco después estaba leyendo una revista en la sala de espera de la comisaría. Esta vez estaba mucho más relajada y ya no me asustaba tanto el interrogatorio. Al contrario, ahora era yo la que tenía muchas cosas que contar y preguntar. Después de unos minutos el inspector Sampedro abrió la puerta de su despacho y me invitó a pasar.

–Buenas tardes –dijo el inspector estrechándome la mano.

–Buenas tardes.

–La hemos llamado para preguntarle acerca de los profesores de la escuela. Gracias a las fotografías tomadas por

---

[16] *Estar como un queso:* expresión coloquial para referirse a una persona muy atractiva.

su compañero Kimitaka, hemos podido identificar a la persona de negro que salió del salón de actos cuando Félix murió. Sólo había tres personas que llevaban un disfraz negro: Lubo Panova, que iba de Batman, Amandine Contoux, que iba de Catwoman, y su profesor de literatura, José Miguel Esteban.

–Y ¿quién cree usted que fue?

–Fue su profesor, ya lo hemos interrogado. Nos dijo que se asustó, que no sabe por qué lo hizo. Sin embargo, hay testigos que dicen que, el mismo día de la fiesta de carnaval, el profesor de literatura estaba discutiendo con el director.

–Ya pero...

–Por supuesto no estamos diciendo que el profesor Esteban tenga relación con las muertes, sólo queremos pedirle su colaboración por si nota algo extraño que pueda resultarnos de interés.

–Entiendo, entiendo...

–También quería preguntarle si recuerda quién llevaba cascabeles en su disfraz. ¿Recuerda algo así?

Entonces la imagen del arlequín se me cruzó por la cabeza. Recordaba cómo se movía haciendo sonar cascabeles y campanitas. Recordaba también sus ojos detrás de la máscara, y aún podía sentir aquel escalofrío.

–¿Por qué no nos habló entonces del arlequín? –dijo el inspector extrañado.

–Lo siento, se me olvidó, estaba muy nerviosa y no pensaba que fuera tan importante.

–Pues sí que lo es. Hemos encontrado un cascabel en el cuarto de la limpieza, lo que nos hace pensar que se le cayó al asesino cuando cogió el veneno.

–¡Dios mío!

–Ahora tenemos un problema: excepto usted, absoluta-
mente nadie recuerda haber visto a este arlequín tan misterioso. Usted es el único testigo.

–¿Piensa que puedo estar en peligro?

–No, no lo creo. Estando disfrazados es imposible que
usted lo reconociera. Sin embargo, será mejor ser pruden-
tes, no lo comente con nadie –me aconsejó el inspector–.
Es mejor evitar problemas.

–No sé si tiene o no relación con esto, pero Simona Agoni y yo recibimos ayer el mismo anónimo –lo saqué de la
mochila y se lo mostré al inspector, que parecía muy sorprendido.

–"La curiosidad mató al gato."

El inspector Sampedro se acercó a la ventana muy pensativo. Estuvo reflexionando en silencio durante unos minutos y después se volvió hacia mí y me dijo:

–Francesca, su colaboración en este caso será determinante. ¿Está dispuesta a ayudarme? –dijo con una voz grave.

–Por supuesto –dije muy animada.

–En ese caso tenemos mucho trabajo que hacer.

EJERCICIOS

1 Señala si las siguientes cuestiones son verdaderas o falsas.

1. Francesca se sorprende de que Simona no quiera investigar más. ☐

2. Raúl llama por teléfono a Francesca mientras ella duerme la siesta. ☐

3. La abuela se ha puesto muy guapa para sus clases de flamenco. ☐

4. El profesor de literatura salió rápidamente de la fiesta cuando Félix murió. ☐

5. El arlequín cogió el veneno del cuarto de la limpieza. ☐

☛ JUGANDO A DETECTIVES

Cuando Félix murió alguien salió de la fiesta silenciosamente. Francesca sólo pudo ver que era alguien vestido de negro.

1. ¿Cuántas personas iban vestidas de negro en la fiesta de carnaval? ¿Cómo han averiguado su identidad?

2. La policía sabe quién salió sin ser visto. ¿Por qué lo hizo? ¿Por qué resulta sospechoso? ¿Qué piensas tú sobre todo eso?

2 Francesca decide ir andando a la comisaría, el problema es que se ha perdido. ¿Puedes ayudarla? Escribe cómo llegar hasta allí.

La siesta americana

Los americanos también duermen la siesta, pero allí la llaman *power nap,* la siesta del poder: esa cabezadita de 20 o 30 minutos después de comer que le hace a uno más productivo, diligente y sano. El profeta del *power nap* es un doctor, James Maas, que lleva más de cinco años asesorando a las empresas americanas sobre los beneficios de la pausa "mediterránea".

El doctor James Maas describe la siesta como medicina gratuita contra la epidemia silenciosa que afecta a la mitad de la población en las sociedades modernas: la falta de sueño. Según Maas, la revolución industrial —y ahora, la tecnológica— ha robado al sueño más de dos horas por día y por cabeza en el último siglo. "Los rígidos horarios laborales se pelean con los ritmos naturales del ser humano", escribe Maas en *Power nap,* el libro que invita a dormir a los americanos. "En el ecuador de la jornada el hombre sufre una caída de los niveles de alerta y de las constantes vitales. La única manera de combatirla es con un sueño, preferiblemente breve y ligero, pero suficiente para satisfacer nuestro déficit de horas de descanso."

3 Contesta a estas preguntas.

1. ¿Duermes la siesta normalmente?

2. ¿Por qué crees que la gente duerme la siesta?

3. ¿Cuáles son los beneficios de la siesta según el texto?

4. ¿Piensas que a las empresas les interesa que sus empleados duerman la siesta?

5. ¿Cuánto tiempo suele durar una siesta?

6. ¿Cuáles son los aspectos negativos de la siesta según tu opinión?

■ Escribe un pequeño texto hablando sobre las ventajas y desventajas de la siesta.

....

....

....

....

....

....

....

....

....

....

....

....

....

12. Francesca detective

La entrevista con el inspector Sampedro me había convertido en una colaboradora de la policía. Lo único que tenía que hacer era observar y preguntar. Era evidente que el culpable estaba cerca, sólo había que estar atento y esperar a que se pusiera nervioso, entonces podía cometer algún error.

Ahí estaba Lola, nuestra profesora. Aunque estuvo muy triste durante los funerales, parecía haber olvidado demasiado pronto ese dolor. En clase estaba mucho más relajada y divertida; se la veía sonriente y feliz, el tema de los envenenamientos quedaba ya muy lejos. Me acerqué a ella para preguntarle por la repentina muerte del director. Pensaba que no iba a querer decirme nada, pero, al contrario, Lola me dio mucha información.

–Te confieso que, aunque no le deseo nada malo a nadie, estoy muy contenta de tener una nueva directora.

–¿Por qué? –estaba sorprendida y extrañada, pero quería seguir investigando, tal vez aquí estaba la pista que necesitaba.

–Todo el mundo sabe que el antiguo director y yo no nos llevábamos muy bien. Teníamos maneras de pensar muy diferentes y siempre estábamos discutiendo. A él no le gustaba mi manera de enseñar y muchas veces me había amenazado con echarme fuera de la escuela. Nunca reconoció mi profesionalidad, jamás me valoró. Siempre me estaba dando órdenes y diciéndome cómo tenía que hacer mi trabajo.

–Lo siento.

Lola estaba realmente enfadada y en sus palabras se podía percibir dolor y odio.

–No, ya no lo sientas, Francesca. Ahora todo ha cambiado, tengo mucha más libertad para hacer lo que quiero y nadie me volverá a dar instrucciones. La nueva directora nos ha subido el sueldo a todos los profesores y me ha dicho que confía en mí para seguir dando prestigio a la escuela.

–No sabía nada, con nosotros siempre fue muy amable y simpático.

–¿Amable y simpático? Nunca lo vi sonreír, y las relaciones con él siempre fueron muy malas, especialmente desde que decidió bajarnos el sueldo a los profesores porque quería ahorrar dinero. Era la persona más tacaña que he visto en mi vida.

–La verdad es que yo no lo conocía mucho, pero estoy segura de que tenía sentido del humor. Le recuerdo vestido de egipcio en la fiesta –dije intentando señalar alguna cualidad del director.

–Sí, lo del disfraz fue increíble; ni en mis mejores sueños podía imaginar que el director se disfrazara de egipcio. Desgraciadamente, el destino se cruzó en su camino. Siento mucho tener que decir esto, pero, aunque sea un comentario desafortunado, de alguna manera todos en esta escuela salimos ganando con lo que ha pasado.

La reacción de Lola fue una sorpresa para mí. Ella tenía mucha paciencia y generosidad, siempre me había parecido una mujer muy agradable. Pero ahora sus palabras estaban llenas de dureza y resentimiento. "Todos en esta escuela salimos ganando con lo que ha pasado", cualquiera podía ser el asesino, todos parecían tener un motivo. Saqué un cuaderno de la mochila y apunté algunas notas sobre Lola. Estaba escribiendo cuando me di cuenta de que había alguien en la ventana del patio, era Juani, la señora de la limpieza. Juani me estaba observando muy seria, y cuando la

descubrí, comenzó a hacer como que estaba limpiando los cristales. Ni me saludó ni me habló, estaba muy diferente y extraña. Tenía la sensación de que me estaba espiando.

Estaba muy incómoda allí, así que me fui a la sala de Internet. Siempre había gente con los ordenadores y no quería quedarme sola en aquel pasillo vacío. Allí me encontré a Simona, Lubo y Amandine.

–Hola, ¿qué hacéis todos aquí?

–Nada, estamos buscando algo para el fin de semana. Estábamos pensando en ir al teatro, ¿quieres venir? –dijo Lubo.

–¿Qué vais a ver?

–Todavía estamos dudando entre una obra clásica o teatro contemporáneo. ¿Qué prefieres?

–Me gustan los dos. Mira, aquí ponen *Historia de una escalera,* de Buero Vallejo.

–¿La conoces? ¿De qué va?

–Es una obra realista que habla sobre la vida de los vecinos de un edificio. Está muy bien, creo que os va a gustar.

–Bueno, pues decidido. Ya no busques más, Amandine –dijo Lubo–. Si queréis me paso yo a comprar las entradas; este teatro no está lejos de mi casa.

–Oye, mirad cuál es el precio para estudiantes.

–Creo que hay entradas por 8 euros.

–Vale, es que últimamente no me sobra mucho el dinero. Estoy un poco justa.

–No te preocupes, Francesca, si estamos todos igual. Por cierto, ¿qué te pasa?, te veo un poco nerviosa.

–Nada, Lubo. Es que he estado hablando con Lola; me parece que los profesores están muy extraños.

–¿Lola también? –dijo Simona sorprendida.

–Sí; ¿por qué? ¿Qué pasa?

–El profesor de literatura nos ha invitado a un café en el Jauja. Nos ha dicho que éste es uno de sus mejores momentos, que alguien le había hecho mucho daño pero que ahora todo estaba en su sitio.

–Sí, me pareció muy sincero y me emocionó un poco escucharlo. Ya sabes que el de literatura es muy sensible –dijo Amandine.

–Quizás está saliendo de un desengaño amoroso, es un hombre muy romántico y sentimental, siempre nos trae poemas a clase –señaló Simona–. ¿Recordáis aquel de Pablo Neruda?

–Es difícil de olvidar, siempre lo estás repitiendo: "Puedo escribir los versos más tristes esta noche" –dijo Lubo riéndose de Simona.

–Mira que eres tonto, Lubo, lo único que quiero decir es que el de literatura es un hombre con muchísima sensibilidad. ¿Os acordáis aquel día en el autobús? ¿Te acuerdas, Francesca, que decíamos que parecía muy triste?

–Es verdad. Fue cuando fuimos de excursión a Toledo con la escuela. Nunca había visto una expresión como aquélla. Tenía la mirada perdida y los ojos húmedos, a veces arrugaba la cara como para detener un profundo dolor.

–Y lo del lápiz –recordó Simona impaciente.

–¡Ah, sí! Tenía un lápiz en la mano con el que estaba escribiendo algunas cosas en un cuaderno, y lo rompió así, como si fuera de papel –yo iba haciendo lo mismo mientras hablaba, pero no tenía fuerza para romper el lápiz.

–No tengo ni idea de en qué podía estar pensando el profesor en ese momento, pero si estaba tan dolido como decís, no me gustaría ser su enemigo –dijo Lubo–. Te digo por experiencia que lo peor que puedes hacer es ponerte en medio de un hombre herido. Cuando te han hecho tanto daño eres capaz de hacer cualquier cosa, aunque luego sabes que te arrepentirás.

–Mira, mira, la nueva directora –dijo Amandine señalando por la ventana.

La verdad es que estaba irreconocible. El pelo largo y suelto, los labios rojos y zapatos de tacón.

–No sé si me equivoco, pero esa mujer me da malas vibraciones. No me gusta –dijo Simona.

–Es que a ti no te gusta nadie, bonita. A ver, ¿qué te ha hecho la pobre señora?

–A mí no me ha hecho nada, pero vaya cambio que ha dado. Antes era una niña buena muy tranquila y supertímida y ahora es una mujer fatal. ¿No me digas que aquí no pasa algo raro?

–Bueno, eso sí, algo raro pasa. Pero oye, dejemos de cotillear que ya son más de las dos y media, y por lo menos yo me tengo que ir a casa –dijo Amandine levantándose de la silla.

–Sí, venga, vámonos ya.

Salimos todos juntos del aula de informática, íbamos por el pasillo cuando vimos a la directora y al profesor de literatura cogidos de la mano. Al escuchar que venía gente se separaron rápidamente.

–Hasta luego –dijo Simona carraspeando entre risas.

–Hasta luego –contestó la directora un poco molesta.

EJERCICIOS

1 Señala si las siguientes cuestiones son verdaderas o falsas.

1. Lola piensa que el director era amable y simpático. ☐

2. Francesca cree que Juani la está observando. ☐

3. No hay precio especial para los estudiantes en ese teatro. ☐

4. El profesor de literatura les ha invitado a una ronda. ☐

5. Hay una relación entre la nueva directora y el profesor. ☐

☛ JUGANDO A DETECTIVES

Francesca está haciendo preguntas para ayudar a la policía en sus investigaciones.

1. ¿Qué información interesante consigue de Lola?

2. ¿Qué piensa Francesca sobre Juani?

3. Los chicos tienen datos importantes sobre el profesor de literatura. ¿Cuáles son?

4. ¿Por qué la directora le dio la mano al profesor?

www.guiadelocio.com

Entra en esta página, aquí puedes encontrar todas las ofertas de ocio de las grandes ciudades españolas. Ponte de acuerdo con tu compañero y encuentra una obra de teatro que os guste a los dos. Di el título, el autor, el argumento, la dirección, el teléfono del teatro y el precio.

2 ¿Qué otras direcciones españolas de Internet conoces?

Envía postales a tus amigos en español.

www.latincards.com

Escucha en directo una de las frecuencias de radio más populares en España.

www.cadena40.com

Infórmate de todo lo que pasa en España leyendo el periódico cada día.

www.elpais.es
www.elmundo.es

20

Puedo escribir los versos más tristes esta noche.

Escribir, por ejemplo: "La noche está estrellada,
Y tiritan, azules, los astros a lo lejos".

El viento de la noche gira en el cielo y canta.

Puedo escribir los versos más tristes esta noche.
Yo la quise, y a veces ella también me quiso.

En las noches como ésta la tuve entre mis brazos.
La besé tantas veces bajo el cielo infinito.

Ella me quiso, a veces yo también la quería.
Cómo no haber amado sus grandes ojos fijos.

Puedo escribir los versos más tristes esta noche.
Pensar que no la tengo. Sentir que la he perdido.

Oír la noche inmensa, más inmensa sin ella.
Y el verso cae al alma como al pasto el rocío.

(...)

Pablo Neruda, *Veinte poemas de amor y una canción desesperada.*

3 Contesta a estas preguntas.

1. ¿Qué relación hay entre el poeta y su amada? ¿Crees que aún siguen juntos?

2. ¿Qué sentimientos tiene ahora el autor?

3. Describe qué sensaciones te despiertan estos versos.

4. ¿Te crees capaz de escribir un poema? Coge papel y lápiz y escribe un poema con mucho humor utilizando las palabras: locura, camión, gallina, corazón, piscina y temperatura.

13. Se acerca el final

Cuando llegué a casa Boli vino a recibirme a la puerta muy contento de verme. La abuela ya había terminado de comer y estaba limpiando la cocina.

–Hola, nena, qué tarde habéis salido hoy, ¿no?

–No, es que nos hemos quedado hablando y se nos ha hecho tarde.

–Perdona que no te haya esperado para comer pero es que me ha entrado un hambre preparando el arroz... Me daba pena dejarlo ahí, que se enfríe.

–No te preocupes, no pasa nada.

–Sácate un poquito de arroz y te lo calientas en el microondas, yo me voy dentro de un rato, que tengo clases de salsa. Otra vez me ha tocado bailar con el viudo ese, el de Sevilla, qué majo[17] es.

–Te veo muy contenta.

–Es que no veas cómo baila... y cómo agarra...

–¡Abuela!

–¡Ah!, por cierto. Ha estado aquí un chico, Raúl creo que dijo que se llamaba, era para invitarte a comer. ¡40 minutos que ha estado esperándote en el salón!, como tenías el móvil apagado no he podido avisarte. Se ha ido muy desilusionado, el pobre. Oye, qué guapo, qué alto, qué morenazo –yo estaba triste y enfadada–. Pero ¿qué pasa?

–Nada, abuela, que todo me sale mal. Me gusta un montón[18] ese chico, pero no sé qué pasa que siempre meto la pata[19].

---

[17] Majo: simpático, agradable, atractivo.

[18] Un montón: término para indicar gran cantidad.

[19] *Meter la pata:* expresión coloquial que significa cometer un error.

–Pues si de verdad te gusta ese chico, díselo –la abuela se sentó y me empezó a acariciar el pelo con mucha dulzura–. Te voy a contar una historia. Cuando yo era joven estaba enamorada de un chico del pueblo que se llamaba Santos. Nunca habíamos hablado, solamente nos veíamos los domingos cuando íbamos a la iglesia. Él no se atrevía a decirme nada porque yo siempre estaba o con mi madre o con mis hermanos; antes a las chicas guapas, como yo, nunca las dejaban ir solas a ninguna parte. Lo único que hacíamos era mirarnos largamente y en silencio. De repente un día se acercó a mí y me dijo: "En junio me voy a Barcelona, me han encontrado trabajo allí en una fábrica. Pienso comprar una pequeña casa para vivir allí con mi mujer. Sería muy feliz si aceptaras ser mi esposa". Yo era muy niña, fíjate,

17 años que tenía. Me quedé callada, un poco por la emoción, y otro poco porque estaba con mis hermanos.

–Y ¿qué pasó?

–Pues no pasó nada. Aquélla fue la última vez que lo vi.

–¡Qué historia más bonita!

La campana del microondas sonó y la abuela me puso el plato de arroz sobre la mesa.

–No, Francesca, qué historia más triste –dijo la abuela suspirando.

La abuela se fue al cuarto de estar con Boli y yo me quedé en la cocina. Mientras comía, se me iba llenando la boca de una extraña melancolía. Me sentía triste. Por un lado Raúl me empezaba a gustar muchísimo, sinceramente era un chico muy especial para mí. Pero, por otro lado, tenía miedo de las relaciones a distancia. Él en España y yo en Italia... terminaríamos haciéndonos daño.

Después de comer fui al cuarto de estar, la abuela estaba tumbada en el sofá disfrutando de su pequeña siesta de sobremesa. Me quedé mirándola un buen rato, no podía dejar de pensar en aquel amor que tuvo y en qué habría sido de aquel chico que se fue a Barcelona. La abuela parecía recordarle con tanto cariño...

Miré el reloj, ya eran casi las cinco. Recogí mis cosas y me fui en silencio, tenía una cita con el inspector Sampedro. Ahora colaboraba con él para intentar descubrir qué era lo que estaba pasando en la escuela. La policía lo había empezado a llamar "el caso de la Ñ", por desarrollarse en una escuela de español.

Llegué a la comisaría paseando, el cielo se iba poniendo cada vez más oscuro y se anunciaba una buena tormenta. Se había levantado un poco de viento y el aire traía el olor de la lluvia. Entré en la comisaría antes de que empezara a llover. El inspector Sampedro ya me estaba esperando.

–Buenas tardes, inspector.

–Hola, Francesca, siéntese. ¿Cómo está?

–Bien, gracias. Quería contarle lo que hemos estado averiguando.

–Muy bien, adelante.

Entonces le conté al inspector Sampedro todo lo que había pasado esa mañana en la escuela: las confesiones de Lola, Juani observando todos nuestros movimientos, el cambio radical de la antigua secretaria y cómo nacía una pequeña historia entre ella y el profesor de literatura. El inspector tomó buena nota de mis informaciones y sonrió.

–Querida Francesca, por fin este caso empieza a tener sentido.

–¿Quiere decir que ya sabe lo que ha pasado?

–Eso es. Lo único que me queda por determinar es el por-qué, qué razón tenía para hacerlo; pero eso nos lo dirá él mismo –el inspector Sampedro llamó a su secretaria, que vino rápidamente–. Señorita Alicia, por favor, llame a todos los sospechosos y cítelos en el lugar del primer crimen, el salón de actos de la escuela de español.

Yo estaba muy sorprendida y me moría de[20] curiosidad. Me repetía en mi cabeza todas las informaciones que le había dado al inspector para intentar averiguar cuál era la clave. Poco a poco se iba cerrando la noche y el inspector seguía trabajando.

---

[20] *Morirse de:* expresión coloquial que significa tener o sentir intensamente algo (morirse de hambre, de calor, de risa, de sueño… = tener mucha hambre, mucho calor…).

Más tarde nos dirigimos hacia la escuela. En el salón de actos estaban todos los sospechosos: María Conde, la gran dama de negro, acompañada por sus dos guardaespaldas; la nueva directora, Juani, Lola y el profesor de literatura. Me puse muy nerviosa cuando comprendí que el asesino estaba en aquel gran salón y, excepto[21] María Conde, todas eran personas muy conocidas para mí.

–Buenas noches, señores, y gracias por haber venido aquí a estas horas, a tan improvisada cita –dijo el inspector.

–Puede ahorrarse los saludos de bienvenida, inspector. Por favor, hable claro, ¿qué es lo que estamos haciendo aquí?, ¿para qué nos ha llamado? –Lola estaba tan incómoda como nerviosa.

–Mi querida señorita, no puedo creer que usted no se imagine el motivo que nos ha traído aquí esta noche. Sin duda éste es un asunto muy delicado.

---

[21] Excepto: todos menos alguien o algo.

La dama de negro comenzaba a moverse en su silla perdiendo la paciencia.

–¡Oh, señora Conde! No se ponga nerviosa todavía. Aún nos queda mucha noche por delante –la señora Conde empezaba a estar de mal humor y sus guardaespaldas se agitaron–. ¿Siempre va usted tan bien protegida?

–No se sienta amenazado –la señora Conde presentó a sus guardaespaldas, dos hombres grandes y fuertes que defendían a la bella empresaria.

–Muy bien –dijo el inspector–, no quiero entretenerlos más. Estamos aquí reunidos porque fue aquí donde se cometió el primer asesinato, la desgraciada muerte de Félix.

–¿Nos está acusando? –dijo la nueva directora muy ofendida.

–Evidentemente todos los que están aquí tenían un motivo más que justificado para acabar con la vida del director, pero no con la de Félix, el conserje. Eso me hace pensar que la primera muerte fue un accidente y que el veneno estaba preparado para otra persona, el señor García Salgado.

–Ya está bien, inspector. Si tiene que acusar a alguien, hágalo en comisaría –dijo nuestra profesora Lola muy enfadada.

–Ya veo que tiene temperamento y muy mal humor, ¿no? Ésta es una imagen que conocía muy bien el director García Salgado.

–¿Qué quiere decir?

–Me refiero a que las relaciones entre ustedes no eran muy buenas. El director no valoraba su trabajo y siempre la estaba amenazando con el despido, ¿no es así?

–Sí, no es ningún secreto. Pero si lo que me está intentando preguntar es si yo maté al director, mi respuesta es no. Podría haberlo hecho, pero no lo hice.

–Ciertamente, todos los que están hoy aquí podrían haberlo hecho –dijo el inspector–. Todos tenían excelentes motivos.

EJERCICIOS

1 Señala si las siguientes cuestiones son verdaderas o falsas.

1. Francesca no está enamorada de Raúl. ☐

2. Finalmente, la abuela se casó con Santos. ☐

3. Gracias a Francesca el inspector sabe quién es el culpable. ☐

4. Todos los sospechosos trabajan en la escuela. ☐

5. El inspector acusa a Lola de ser la asesina. ☐

☛ JUGANDO A DETECTIVES

1. El inspector Sampedro dice que todos tenían muy buenas razones para cometer el crimen. ¿Recuerdas cuáles son?

2. Se acerca el final, ¿quién crees tú que es el culpable? Escribe un pequeño texto apostando por el sospechoso del que más desconfías. Después compara tu apuesta con la del resto de la clase.

2 La abuela cuenta cómo en el pasado las chicas no podían ir solas a ninguna parte. Ahora las cosas han cambiado mucho y las mujeres tienen más independencia y autonomía. Cuenta qué cosas han cambiado desde la época de nuestras abuelas. ¿Cuáles han cambiado para mejor y cuáles para peor?

3 La abuela relata su historia de amor perdido con Santos. ¿Recuerdas cómo fue? ¿Por qué se la cuenta a Francesca? ¿Qué consejos le da?

4 Responde a esta pequeña encuesta para determinar si tú también tienes problemas con tu pareja.

A ti te gustan los animales, y a él/ella...

- **a)** no le gustan pero se adapta a lo que tú quieras.
- **b)** le dan tanto miedo que se aparta cuando ve uno por la calle.
- **c)** también le gustan mucho.

Cuando vais al cine...

- **a)** siempre acabáis viendo una película de acción y guerra.
- **b)** nunca os ponéis de acuerdo con la película.
- **c)** os encanta poder ver una comedia romántica.

Cuando vais a un restaurante...

a) siempre pagas tú.

b) tu pareja elige el menú.

c) os gusta escoger un lugar muy especial.

Te hace regalos...

a) cuando ha hecho algo malo.

b) no te hace regalos.

c) porque tú eres lo mejor que le ha pasado en la vida.

Lo único que no puedes soportar de él/ella es...

a) que sea tan celoso(a).

b) que no te preste atención.

c) el exceso de perfume.

Solución

- **Mayoría de respuestas c):** Vuestra relación es un éxito, no tienes de qué preocuparte.

- **Mayoría de respuestas a):** Deberías cuidar un poquito más tu relación.

- **Mayoría de respuestas b):** Deberías replantearte la situación.

14. El crimen de la Ñ

El inspector Sampedro había llamado a todos los sospechosos del "crimen de la Ñ" y los había reunido en el salón de actos de la escuela de español. La tensión aumentaba por momentos, al mismo tiempo que descubríamos un poco más sobre los motivos que podrían haberlos llevado a matar al director de la escuela.

–Señora Conde, usted es una joven empresaria que ha tomado el control del famoso Banco Bankesto. Ahora mismo se diría que es usted una de las empresarias más brillantes de España. Sin embargo, hemos sabido que su banco atraviesa grandes dificultades económicas, ¿no es así? –la señora Conde estaba muy enfadada.

–Sí, es cierto.

–¿Cómo conoció usted a las víctimas?

–Estuve casada con Félix durante dos años. Fue él quien me presentó al director García Salgado. El director y yo teníamos una relación sentimental desde hacía casi un año, si es eso lo que quiere saber.

–Gracias, pero en realidad lo que quiero saber es si el director García Salgado la estaba ayudando desviando fondos[22] de la prestigiosa escuela de español para meterlos en el banco.

Los guardaespaldas se pusieron nerviosos y se hizo un gran murmullo en el salón, todo el mundo estaba muy alborotado.

–Eso no me convierte en una asesina –dijo María Conde justificándose.

---

[22] Fondos: dinero.

–Tiene razón, puede que sea una ladrona, pero usted no es la asesina. Estaba preguntándome quién salía más beneficiado de la muerte del director. Es ahí cuando se me aparece el rostro de la señorita Martínez, la nueva directora.

–Por favor, inspector, es una irresponsabilidad acusar así, sin saber lo que se está diciendo –dijo el profesor de literatura para defenderla.

–La señorita Martínez fue la secretaria del director durante siete años. Sabía muy bien cómo funcionaba la escuela porque le hacía todo el trabajo. Los que la conocen bien dicen que usted es una mujer muy ambiciosa, fascinada por el poder y capaz de manipular a cualquiera para conseguir lo que quiere.

–Basta ya, inspector. Ya ha dicho suficiente. ¿Adónde quiere llegar? –dijo la directora irritada.

–¿Es cierto que existe una relación entre usted y el profesor de literatura?

–Sí, es cierto, estamos enamorados.

La gente se alborotó de nuevo y empezaron a hacer comentarios en voz baja. El inspector pidió silencio.

–Pues debería tener más cuidado con la elección de sus amantes, señorita Martínez, puede terminar usted al lado de un asesino.

–Pero ¿qué está diciendo? –dijo la directora–. ¿Cómo se atreve a hacer una acusación así?

–Sí, profesor, díganos si no es cierto que usted aprovechó la confusión de la fiesta de carnaval para intentar asesinar al señor González Salgado. Díganos cómo le quitó las llaves a Juani para coger un insecticida altamente tóxico, que era incoloro e inoloro y no tenía sabor. Díganos cómo dejó caer en el cuarto de la limpieza unos cascabeles para que buscáramos al culpable entre las personas que llevaban uno en su disfraz. Díganos cómo se confundió de víctima y acabó matando a Félix accidentalmente. Hable, profesor, hable y cuéntenoslo –dijo el inspector Sampedro.

El profesor de literatura se tapó la cara con las manos y después miró a la directora con mucho cariño, y con aquella mirada que tienen los que saben que lo han perdido todo.

–Sí, es cierto. Todo es cierto. El director García Salgado y yo nos conocíamos desde la infancia. Los dos éramos amigos y compañeros, habíamos llevado unas vidas paralelas, pero mientras que yo estaba siempre en la sombra, él tenía poder, reconocimiento social, éxito en su trabajo, tenía todo lo que yo siempre quise tener pero no pude. Incluso, el amor. El director me dio un trabajo en su escuela por amistad y cuando empecé a trabajar aquí me enamoré como un loco de su secretaria, la señorita Martínez; ella era la mujer más bella que había visto en mi vida. Todo lo que hacía, lo hacía pensando en ella. Pero ella no estaba enamorada de

mí, estaba enamorada del director. Eso me destrozó el corazón. Después, el director la abandonó, la dejó para comenzar una nueva relación con la señora Conde. Entonces aparecí yo y le di todo mi cariño. La trataba como a una princesa, ella valía mucho más, y poco a poco ella comenzó a amarme a mí también –la directora le dio la mano en señal de apoyo y el profesor se la besó con ternura–. El director había marcado nuestras vidas para siempre, pero aún quería más. Las últimas semanas discutíamos mucho, casi siempre. Descubrí por casualidad que el director estaba desviando dinero de la escuela y justo antes de la fiesta de carnaval tuvimos una discusión muy violenta en su despacho. Lo amenacé con denunciarlo si seguía faltando dinero de la escuela y entonces él me dijo que si yo hacía eso él reconquistaría de nuevo a la señorita Martínez, que para él sería muy fácil volverla a enamorar, que ella estaba conmigo únicamente porque él la había despreciado. Salí de su despacho llorando, lleno de dolor. Entonces vi la puerta del cuarto de la limpieza abierto y recordé que Juani me había dicho que, por favor, tuviéramos cuidado con un nuevo insecticida que había traído –Juani estaba llorando y movía la cabeza afirmando en silencio–. Justo el día anterior habíamos estado bromeando sobre el tema, ¿recuerdas? Me dijiste: "Estos polvos son mortales, mira, lee la etiqueta, ni tienen olor ni tienen sabor. Una pequeña cucharadita en el café y estás criando malvas[23] a los diez minutos". Estaba furioso, enloquecido, lo hice sin querer hacerlo en realidad, sin pensar en las consecuencias.

–Sin embargo, cometió un terrible error –dijo el inspector Sampedro.

–Un error imperdonable. El director y Félix llevaban exactamente el mismo disfraz. Los dos tenían un físico pa-

---

[23] *Criar malvas:* expresión coloquial que significa estar muerto.

recido y resultaba imposible saber quién era uno y quién era otro. Puse el veneno en la copa de Félix por error y sólo me di cuenta de que me había equivocado cuando lo dijo Juani. Entonces salí del salón sin que nadie pudiera verme, estaba destrozado.

–Y luego, ¿qué pasó? –dijo el inspector.

–El director sabía que aquello había sido un intento de asesinato y que seguramente él debería haber sido la víctima. Sabía que estaba en peligro y decidió sacar de la escuela todo el dinero y los papeles que demostraban que estaba haciendo una mala gestión. Sabía que la policía empezaría a investigar y no quería ser descubierto. Días después me llamó a su despacho como hacía muchas otras veces. Pero esta vez me llamaba para hacerme chantaje[24]. Sabía que yo tenía algo que ver en "el crimen de la Ñ" pero no me creía capaz de ser el asesino. De todas maneras, me amenazó con denunciarme a la policía si yo decía algo sobre el dinero que se había llevado. Ese hombre me ponía furioso. Sin que se diera cuenta puse un poco de veneno en su café. Esta vez no me equivocaría, esta vez no había disfraz. Aguantó la mañana con grandes dolores y, sintiéndose mal, se fue a casa.

La directora Martínez abrazó al profesor, que ya no tenía fuerzas para seguir hablando. Todos nos quedamos callados y sorprendidos, respetando su dolor. El inspector miró a Juani.

–Y todo esto que a mí me ha llevado tanto tiempo descubrir usted lo sabía desde el principio, ¿no es así, Juani?

–Cuando los médicos dijeron qué tipo de veneno empleó el asesino, comprendí que era él. Recuerdo que el día

---

[24] Chantaje: amenaza para conseguir algo.

que trajeron el insecticida estuve bromeando con Félix y con el profesor. Sólo ellos dos sabían qué características tenía este veneno. También sabía que el profesor era, en el fondo, una buena persona y que se había metido en un problema muy gordo, por eso decidí ayudarlo. Cuando al día siguiente limpié el salón de actos de la escuela, encontré un cascabel en el suelo. Gracias a Francesca sabía que la policía estaba buscando a un misterioso arlequín, entonces puse el cascabel en el cuarto de la limpieza al lado del insecticida. Pero las chicas seguían haciendo preguntas y más preguntas, y tenía miedo de que descubrieran la verdad, por eso escribí los anónimos. Nunca tuve la intención de hacer daño a nadie, sólo quería que las chicas no preguntaran más.

Yo estaba muy emocionada y todo lo que había pasado me había impresionado muchísimo. La policía entró en el salón de actos de la escuela y se llevó al profesor de literatura. Ya era completamente de noche y aún seguía lloviendo con fuerza. Aparcados en la puerta esperaban dos coches de policía y, a pesar de la lluvia, la calle estaba llena de curiosos que se acercaban para ver lo que estaba pasando. Allí, entre toda aquella gente, estaba mi familia española. Debajo de un paraguas, y muertas de frío, vi a Carmen y la abuela, que me esperaban impacientes, avisadas por la policía. Yo corrí a encontrarme con ellas, y allí nos quedamos las tres, fundidas en un gran abrazo mojándonos bajo la lluvia.

–Vámonos a casa, cariño. Mañana será otro día –dijo Carmen llevándonos hacia el coche–. Mañana será otro día.

Al día siguiente estuve muy callada y pensativa, como intentando analizar todo lo que había pasado. Sinceramente, en este caso no parecía haber ni malos ni buenos, solamente la vida que les había dado unas malas cartas para jugar esta partida. Envidia, pasión, amor y celos, éstos sí que habían sido los verdaderos asesinos. Quizás fue el destino trágico quien vino a la fiesta de carnaval vestido de arlequín.

Me tumbé en la cama cansada y un poco triste. Tenía una extraña sensación, como de haber aprendido un poco más de la vida, de sus pasiones y crueldades. Sentía un dolor frío en el corazón. La mañana estaba hermosa después de la lluvia del día anterior. No aguantaba más en la cama, me puse de pie y me fui a la calle. Necesitaba caminar, estuve paseando durante horas sin objetivo. Finalmente, sin saber cómo, estaba frente al Jauja. No me atrevía a pasar, sólo quería quedarme allí, mirando. Raúl estaba limpiando una mesa; cuando me vio, se quedó muy sorprendido pero no me dijo nada. Nos quedamos así, mirándonos largamente y, sin decir más, nos acercamos el uno al otro y nos besamos como si estuviera todo dicho.

EJERCICIOS

1 Señala la respuesta correcta.

1. La señora Conde...

a) era la novia de Félix.

b) estuvo casada con el director.

c) desviaba fondos de la escuela a su banco.

2. La profesora Lola es sospechosa porque...

a) tenía problemas en la escuela.

b) no era sospechosa.

c) discutía en público con el director.

3. La antigua secretaria...

   a) sabía que el profesor era culpable.

   b) haría cualquier cosa por estar en el poder.

   c) no estaba enamorada del profesor.

4. El profesor de literatura...

   a) no quería envenenar a Félix.

   b) envenenó al director por error, no quería hacerlo.

   c) cometió el crimen con la ayuda de la señorita Martínez.

5. Juani...

   a) supo rápidamente quién era el culpable.

   b) ayudó al profesor a cometer el crimen.

   c) quería que siguieran investigando.

2 Ordena correctamente según sucedieron los hechos.

a) El director muere envenenado.

b) Durante la fiesta de carnaval Félix muere por error.

c) El director abandona a su secretaria.

d) La señorita Martínez empieza una relación con el profesor.

e) El director y la señora Conde sacan fondos de la escuela de idiomas.

f) El profesor de literatura está enamorado de la srta. Martínez.

g) El director le hace chantaje al profesor Esteban.

3 Ahora escribe un pequeño resumen de la historia contando cómo pasaron las cosas en líneas generales.

....
....
....
....
....
....
....
....
....
....
....
....
....
....
....
....
....

4 El profesor de literatura cometió un crimen por amor y celos. ¿Qué estarías dispuesto(a) a hacer tú por amor?

5 Mira cómo termina la historia de amor entre Raúl y Francesca. ¿Qué crees que pasará a partir de ahora?

6 Cambia el final de la historia y dinos qué pasaría si Raúl decidiera irse a Afganistán con una ONG, o si Francesca tuviera que marcharse a Italia.

CLAVES

Capítulo 1

CLAVES

1

1. V   3. V   5. V
2. F   4. F   6. F

2

Frutos secos, tortilla de patatas, vino, tónica, queso, chorizo, vasos, aceitunas, patatas fritas, aperitivos, zumo, jamón y gaseosa.

3

Hola, amigos:

¿Qué vais a hacer el viernes por la noche? Vamos, coged vuestro disfraz y venid a la fiesta de carnaval de la escuela. Estáis todos invitados.

Francesca

4

Querida Paola:

Estoy en **Madrid, en una escuela de español** y me gusta mucho. Aquí tengo muchos amigos nuevos y **siempre estoy conociendo gente.** La profesora se llama Lola y es **muy simpática,** pero tengo que estudiar mucho. Voy a ir a Cádiz para **ver cómo son los carnavales;** iremos de excursión la próxima semana. Ahora estamos preparando una fiesta **de disfraces y yo estoy muy contenta. Hemos hecho las invitaciones y hemos comprado mucha comida y bebida para la fiesta. Simona se va a disfrazar de bruja** y yo me voy a disfrazar de princesa árabe.

Besos a todos,

Francesca

5 Respuesta libre.

Capítulo 2

1

1. No. Francesca vive con una familia española.

2. Sí, porque dice que cuando se cruza un gato negro da mala suerte.

3. Carmen no estaba disfrazada, era Simona. Simona se ha disfrazado de bruja para la fiesta de carnaval.

4. Amandine, la chica francesa. Amandine estaba disfrazada de Catwoman.

5. Todavía no lo sabemos.

2

1. F	4. F
2. F	5. V
3. F	

■ Respuesta libre.

3

- Las escaleras: porque si pasas por debajo puede ocurrirte una desgracia.

- Los espejos: porque cuando los rompes dan 7 años de mala suerte.

- Los números: porque a veces pasan cosas malas cuando es martes 13.

- Los colores: porque si eres actor, vestir de amarillo puede provocar que algo salga mal.

Capítulo 3

CLAVES

1

1. F; **2.** V; **3.** F; **4.** F; **5.** F.

2

Investigador:	persona que intenta averiguar algo.
Detective:	profesional que realiza investigaciones por encargo de clientes.
Culpable:	que ha cometido un delito o falta.
Sospecha:	creencia o suposición formada a partir de cierta información o señal.
Inocente:	que no es culpable.
Asesino:	persona que mata a otra con premeditación.
Testigo:	persona que está presente en un acto o una acción, sobre todo la que habla en un juicio para contar lo que ha presenciado.
Crimen:	delito grave que consiste en matar o herir de gravedad a alguien.
Pista:	información o dato que permite averiguar algo.

3

1. c; **2.** b; **3.** a.

4 Respuesta libre.

5 Respuesta libre.

Capítulo 4

1

1. F; **2.** V; **3.** F; **4.** F; **5.** F.

2

1. Muerte producida por un paro cardiaco (un fallo en el corazón).

2. Muerte producida por un disparo o por envenenamiento.

3. Muerte a causa de un apuñalamiento.

3 Respuesta libre.

4 Respuesta libre.

5 La vida es una telenovela

a) Como uno de los géneros literarios de la cultura popular latinoamericana.

b) De todo el mundo.

c) Los sociólogos dicen que las telenovelas son un fenómeno social y los antropólogos opinan que son un fenómeno cultural.

Capítulo 5

1

1. F; 2. F; 3. V; 4. V; 5. F.

2

1. El director estaba discutiendo con todo el mundo.

2. El despacho del director estaba muy desordenado.

3. Había un arlequín misterioso.

3 Respuesta libre.

CLAVES

4 La criminología

1. La criminología es una ciencia que estudia todos los aspectos que rodean a un crimen.

2. El derecho, la biología, la psicología, la sociología...

3. Porque no formula proposiciones de validez universal ni tiene un método único de estudio.

Capítulo 6

1

1. V; 2. V; 3. F; 4. V; 5. V.

☞ JUGANDO A DETECTIVES

Respuesta libre.

2

1. b; 2. c; 3. b.

3 Aquel mesón

1. Un adulto habla sobre los recuerdos de su infancia, que están asociados a ese mesón.

2. Un montado de lomo o un choricito frito.

3. Había mucho humo y mucha gente hablando en voz alta, pero tenía un gran patio muy fresco donde jugaban los niños.

4. Ahora ya no está, en el mismo lugar donde estaba el mesón hay una tienda de ropa.

4 Respuesta libre.

5

1. e; **2.** a; **3.** f; **4.** d; **5.** b; **6.** g; **7.** c.

bodega: tienda donde se almacenan diferentes tipos de vinos para su venta.

ciber-café: local donde puedes utilizar ordenadores y navegar por Internet mientras tomas un café.

restaurante: local donde sirven comidas.

chiringuito: pequeño bar en la playa.

café-teatro: café donde puedes disfrutar de espectáculos de variedades.

bar de copas: bar donde lo principal es el ambiente y la música.

discoteca: es más grande que un bar de copas y la gente acude allí para bailar.

Capítulo 7

1

1. F; **2.** F; **3.** F; **4.** V; **5.** V.

☞ JUGANDO A DETECTIVES

1. Lleva un elegante traje negro de Chanel, un sombrero y gafas de sol.

2. Porque es la ex mujer de Félix.

3. Por la rosa blanca que lleva en la solapa de su traje.

4. Esperando al director en un taxi a la puerta de la escuela.

5. Respuesta libre.

CLAVES

2 Haciendo hipótesis

1. Tal vez el asesino es alguien que quiere que esté callado.

2. O (tal vez) alguien que le odiaba porque...

3. Quizás era un error.

4. Quizás a quien quería matar el asesino era al director.

3

1. Velar el cuerpo: pasar la noche acompañando al muerto en respetuosa despedida.

2. Expresar condolencias: comunicarle a los familiares del difunto cuánto lo sientes.

3. Dar el pésame: en español hay una fórmula para dar el pésame a la familia del muerto: "Te acompaño en el sentimiento".

4. Visitar la tumba: ir al cementerio para visitar el lugar donde está enterrada una persona.

5. Incinerar el cuerpo: acción de quemar el cadáver.

■ Misa de difuntos

Respuesta libre.

Capítulo 8

1

1. F; **2.** V; **3.** V; **4.** F; **5.** V.

☞ JUGANDO A DETECTIVES

Respuesta libre.

2 Respuesta libre.

3

1. b; 2. d; 3. f; 4. c; 5. e; 6. a.

■ Respuesta libre.

4 Respuesta libre.

Capítulo 9

1

1. F; 2. F; 3. F; 4. V; 5. V.

☛ JUGANDO A DETECTIVES

1.- La señora María Conde.
- Francesca la reconoce por la rosa blanca que tiene en su traje y que deja sobre la tumba de Félix.
- Respuesta libre.
2.- "La curiosidad mató al gato."
- Respuesta libre.

2 Respuesta libre.

■ a) 2   b) 2   c) 1

3 Respuesta libre.

Capítulo 10

1

1. F; 2. F; 3. V; 4. V; 5. F.

CLAVES

☛ Jugando a detectives

1. Porque tenía fácil acceso al veneno.

2. Porque Juani intenta que las chicas no investiguen más.

3. Que siempre ha sido una mujer muy ambiciosa y que últimamente siempre estaba en el despacho del director.

4. Antes era una mujer tímida y ahora la nueva directora tiene mucho carácter.

2 Respuesta libre.

3

Requisitos:

Debe tener buena presencia; formación y experiencia en el sector; carácter abierto y capacidad de improvisación.

Capítulo 11

1

1. V; **2.** F; **3.** F; **4.** V; **5.** V.

☛ Jugando a detectives

1. Tres: Lubo y Amandine, que iban disfrazados de Batman y Catwoman, y también el profesor de literatura. La policía los ha reconocido gracias a las fotos de Kimitaka.

2. El profesor de literatura salió sin ser visto porque se puso nervioso. Es sospechoso porque el mismo día del carnaval estaba discutiendo con el director.

2

Itinerario hasta la comisaría:

Francesca sale de casa y camina hacia la izquierda hasta llegar a una plaza ovalada con muchos árboles. Rodea la plaza pasando al lado del ayuntamiento y toma la segunda calle, que es una gran avenida. Después sigue todo recto y toma la segunda calle a la derecha. La comisaría de policía está a cinco minutos, enfrente de la iglesia.

3 La siesta americana

1. Respuesta libre.

2. Respuesta libre.

3. Nos ayuda a superar la caída de los niveles de alerta y de las constantes vitales.

4. Respuesta libre.

5. Veinte o treinta minutos.

6. Respuesta libre.

■ Respuesta libre.

Capítulo 12

1

1. F; **2.** V; **3.** F; **4.** V; **5.** V.

☞ JUGANDO A DETECTIVES

1. Que Lola y el director no se llevaban bien y que todo el mundo en la escuela sale ganando con la nueva situación.

CLAVES

2. Que la está espiando. Además Juani no quiere que hagan más preguntas.

3. El profesor de literatura les ha dicho que alguien le había hecho mucho daño pero que ahora todo está en su sitio.

4. Porque parece que hay una relación sentimental entre ellos.

2 Respuesta libre.

3

1. Parece que su relación era de amor y que ya se ha acabado.

2. El poeta se siente triste.

3. Melancolía, tristeza, desamor…

4. Posible respuesta

He conocido a una gallina
que me ha roto el corazón.
Todo esto es una locura
que me ha hecho subir la temperatura.
¡Ay, Dios mío, qué calor!
Qué sexy está mi gallina
con su pequeño bikini en la piscina.
Mi corazón late fuerte y rápido,
pim-pum, pim-pum,
rápido y fuerte como un camión.

Capítulo 13

1. F; **2.** F; **3.** V; **4.** F; **5.** V.

☞ JUGANDO A DETECTIVES

1. Lola tenía muy malas relaciones con el director.

Juani tenía acceso al veneno y tiene una actitud sospechosa.

La dama de negro estaba relacionada con los dos muertos y sus apariciones en el cementerio son misteriosas.

La antigua secretaria es una mujer fascinada por el poder, y ahora ocupa el puesto del director.

El profesor de literatura parece ser más que un amigo para la nueva directora.

2. Respuesta libre.

2 Respuesta libre.

3

- Ver páginas 112 y 113.

- Porque no quiere que se repita la historia otra vez.

- Que aproveche el momento y viva la vida.

Capítulo 14

1

1. c; **2.** c; **3.** b; **4.** a; **5.** a.

2

1. f; **2.** c; **3.** e; **4.** b; **5.** g; **6.** a; **7.** d.

3 Respuesta libre.

4 Respuesta libre.

5 Respuesta libre.

6 Respuesta libre.